JN299857

ネイティブ感覚に近づく
英語のニュアンス

友繁義典

開拓社

はしがき

　本書の目的は，様々な英語表現を観察することによって，ネイティブスピーカーの発想を知り，英語に関する理解を深め，英語の運用能力を伸ばす手がかりを提供することにあります。実際，ある類似したペアの表現が，どのように使い分けられているのかを知ることは，英語の学習上，大切なことであると思われます。例えば，「AとBが衝突する」内容は，英語では，「A and B collide」のパターンと「A collides with B」のパターンがあります。「バスとトラックが衝突した」状況を描写するのに，The bus and the truck collided. と The bus collided with the truck. のいずれでも表現できるのですが，「バスがフェンスに衝突した」状況は，The bus collided with the fence. と言っても，*The bus and the fence collided. と言うことはできません。つまり，「A and B collide」と「A collides with B」の2つのパターンは，無条件にどちらを使ってもよいというわけにはいかないということです。結論的に言うと，「A and B collide」のパターンは，AとBがともに動いている場合にのみ使われるのに対して，「A collides with B」のパターンは，「AとBがともに動いている場合」と「Aは動いているがBは静止している場合」の両方の状況を表すということです。AとBの両方が動いていることを表す「A and B collide」のパターンが，静止している the fence を許さないという理由で，*The bus and the fence collided. が文法的に許されない文となっているわけです。上の例のように，ある一つの状況を描写する際に，複数の表現方法が可能な場合があり，ネイティブスピーカーがその複数の表現からどの表現をどのような理由で選び出すのかということを本書の1章で観察していきます。

　本書は，3章に分かれており，第1章は二つの類似している文に関

して，それらの意味の違い，あるいはニュアンスの違いを見ていきます。第2章では，一つの文が二通り，あるいはそれ以上の解釈を許す「あいまい文」について考えていきます。そして，最後の第3章では，よく使われている単語の見逃されやすい意味について確認をしていきます。したがって，全般的には，「英語の意味を考える」ということになるでしょう。読者諸氏にとって，本書が，英語を正確に理解し，状況に合わせて適切な表現ができる足がかりになれば望外の幸せです。

　本書の作成には，Patrick Dougherty 氏，Robin Eve 氏，George Mano 氏，Mark Taylor 氏の協力を得ました。諸氏の協力に対して感謝の意を表します。

　最後になりましたが，本書出版の労をおとりくださった編集課の川田賢氏にお礼申し上げます。また，本書をまとめるにあたって，編集課の松浦有紀さんから的確なご助言，ご提案をいただきました。ご尽力に対して心より感謝申し上げます。

著　者

〈本書の利用法〉

　各ページの内容は，それぞれ独立しています。ですから必ずしも最初から最後までページ順に読み進む必要はありません。気の向くままにどのページからでもお読みください。

　本書では，＊の記号が散見されますが，これは非文法的あるいは容認不可能であることを示しています。

目　次

第1章　類似表現について考える

1　「make ＋目的語＋動詞の原形」と「他動詞＋目的語」　*2*
2　「make ＋人＋動詞の原形」と「get ＋人＋ to-不定詞」　*3*
3　「have ＋人＋動詞の原形」と「let ＋人＋動詞の原形」　*4*
4　「make ＋人＋名詞」と「make ＋人＋ become ＋名詞」　*5*
5　「与格構文」と「二重目的語構文」　*6*
6　「他動詞＋目的語＋場所を表す前置詞句」と「他動詞＋場所を表す目的語＋前置詞句」　*7*
7　「that 節型」と「to-不定詞型」と「to be のない型」　*8*
8　decide that ... と decide to ...　*9*
9　「to-不定詞」と「that 節」　*10*
10　「to-不定詞」と「for 〜 to-不定詞」　*11*
11　「for 〜 to-不定詞」と「that 節」　*12*
12　「help ＋人＋ to-不定詞」と「help ＋人＋動詞の原形」　*13*
13　「主語＋ be ＋形容詞＋ to-不定詞」と「It ＋ be ＋形容詞＋ to-不定詞」　*14*
14　「人＋ be ＋形容詞＋ to-不定詞」と「人＋動詞＋副詞」　*15*
15　「主語＋動詞＋副詞」と「主語＋ be ＋形容詞＋ to-不定詞」　*16*
16　「prevent ＋目的語＋ 〜ing」と「prevent ＋目的語＋ from 〜ing」　*17*
17　「I wish ＋過去形」と「I wish ＋人＋ to-不定詞」　*18*
18　to do と doing　*19*
19　start to hit と start hitting　*20*
20　cease to worry と cease worrying　*21*
21　go on to talk と go on talking　*22*
22　remember to see と remember seeing　*23*

23 hesitate to send と hesitate sending　*24*
24 hurry to eat と hurry over eating　*25*
25 to play と playing　*26*
26 like to run と like running　*27*
27 「動詞＋前置詞＋目的語」と「動詞＋目的語」(1)　*28*
28 「動詞＋前置詞＋目的語」と「動詞＋目的語」(2)　*29*
29 「meet＋人」と「meet＋with＋人」　*30*
30 at と in (1)　*31*
31 at と in (2)　*32*
32 in と on　*33*
33 with と in　*34*
34 out と off　*35*
35 in と for　*36*
36 「pity＋人」と「have pity on＋人」　*37*
37 have a laugh と give a laugh　*38*
38 「have 構文」と「give 構文」　*39*
39 「be 受動文」と「get 受動文」　*40*
40 「受動文」と「能動文」　*41*
41 「I hope＋(that) 節」と「文中に I hope が挿入されている文」　*42*
42 I think ... not ... と I don't think ...　*43*
43 「Here comes＋名詞」と「名詞＋comes here」　*44*
44 「分詞構文」と「現在進行形」　*45*
45 「There 存在文」と「はだか存在文」　*46*
46 「There 構文」と「It 構文」　*47*
47 「他動詞＋人＋前置詞＋体の部分」と「他動詞＋~'s 体の部分」　*48*
48 「所有格＋動名詞」と「目的格＋動名詞」　*49*
49 「代名詞」と「再帰代名詞」　*50*
50 sit yourself down と sit down　*51*
51 begin the car と star the car　*52*
52 have と own　*53*
53 「動詞＋that 節」と「動詞＋~ing」　*54*

54　「that ＋ (should) ＋動詞の原形」と「that ＋直説法の動詞」　*55*
55　「文頭の副詞」と「文末の副詞」　*56*
56　「文頭の because」と「文中の because」　*57*
57　「文末に動詞を持たない比較文」と「文末に動詞を持つ比較文」　*58*
58　forget と forget about　*59*
59　「not ＋副詞」と「副詞＋ not」　*60*
60　young と youthful　*61*

第 2 章　あいまい文を考える

1　for three days のあいまい性　*64*
2　to-不定詞のあいまい性　*65*
3　not 〜 until のあいまい性　*66*
4　three times のあいまい性　*67*
5　be broken のあいまい性　*68*
6　can のあいまい性　*69*
7　will のあいまい性　*70*
8　not 〜 because のあいまい性　*71*
9　「S ＋ V ＋ O ＋ O and S ＋ O」型のあいまい性　*72*
10　in a week のあいまい性　*73*
11　John's singing のあいまい性　*74*
12　If it rained のあいまい性　*75*
13　「have ＋目的語＋過去分詞」のあいまい性　*76*
14　hit the woman with a book のあいまい性　*77*
15　only のあいまい性　*78*
16　sadly のあいまい性　*79*
17　as long as のあいまい性　*80*
18　a colleague のあいまい性　*81*
19　in (the) summer のあいまい性　*82*
20　most のあいまい性　*83*

21	They のあいまい性	*84*
22	Everyone loves someone. のあいまい性	*85*
23	代名詞 him が指示する人物のあいまい性	*86*
24	for のあいまい性	*87*
25	can't do anything のあいまい性	*88*
26	Each of my brothers と a girl の関係のあいまい性	*89*
27	came open のあいまい性	*90*
28	care for のあいまい性	*91*
29	動詞 favor のあいまい性	*92*
30	some のあいまい性	*93*
31	red and white ribbons のあいまい性	*94*
32	painted green のあいまい性	*95*
33	bowling のあいまい性	*96*
34	what I have in my hand のあいまい性	*97*
35	as well as のあいまい性	*98*
36	前置詞 on のあいまい性	*99*
37	like her sister のあいまい性	*100*
38	entertaining のあいまい性	*101*
39	be relieved のあいまい性	*101*
40	for eight years のあいまい性	*102*
41	more 〜 than のあいまい性	*103*
42	a beautiful dancer のあいまい性	*103*
43	hot のあいまい性	*104*
44	There is no escaping のあいまい性	*104*
45	fired the clerk with enthusiasm のあいまい性	*105*
46	John took her picture. のあいまい性	*105*

第3章 基本単語の意味を考える

1 accident *108*
2 age *109*
3 attack *110*
4 attitude *111*
5 bag *112*
6 ball *113*
7 beauty *114*
8 bench *115*
9 bird *116*
10 blow *117*
11 book *118*
12 bottle *119*
13 bright *120*
14 business *121*
15 buy *122*
16 carry *123*
17 cast *124*
18 catch *125*
19 charm *126*
20 cheek *127*
21 chemistry *128*
22 circuit *129*
23 class *130*
24 classic *131*
25 coach *132*
26 coat *133*
27 color *134*
28 company *135*
29 complimentary *136*

30 constitution *137*
31 consult *138*
32 cook *139*
33 cool *140*
34 copy *141*
35 count *142*
36 cover *143*
37 credit *144*
38 cure *145*
39 delicacy *146*
40 deliver *147*
41 diet *148*
42 diplomatic *149*
43 discount *150*
44 doctor *151*
45 dressing *152*
46 drug *153*
47 eat *154*
48 enjoy *155*
49 equal *156*
50 expecting *157*
51 explain *158*
52 faculty *159*
53 fair *160*
54 family *161*
55 fast *162*
56 fault *163*
57 field *164*
58 film *165*

59	fine	*166*	**88**	level *195*
60	finger	*167*	**89**	mood *196*
61	fire	*168*	**90**	must *197*
62	flame	*169*	**91**	nail *198*
63	floor	*170*	**92**	parade *199*
64	foot	*171*	**93**	particular *200*
65	frame	*172*	**94**	personality *201*
66	French	*173*	**95**	picnic *202*
67	fresh	*174*	**96**	place *203*
68	friend	*175*	**97**	provide *204*
69	front	*176*	**98**	pull *205*
70	funny	*177*	**99**	room *206*
71	game	*178*	**100**	sandwich *207*
72	ground	*179*	**101**	scene *208*
73	heavy	*180*	**102**	season *209*
74	history	*181*	**103**	sentence *210*
75	homework	*182*	**104**	shame *211*
76	hot	*183*	**105**	sharp *212*
77	house	*184*	**106**	short *213*
78	image	*185*	**107**	shower *214*
79	impossible	*186*	**108**	spell *215*
80	inevitable	*187*	**109**	sponge *216*
81	kick	*188*	**110**	steal *217*
82	knockout	*189*	**111**	straight *218*
83	labor	*190*	**112**	thrill *219*
84	leave	*191*	**113**	tour *220*
85	lecture	*192*	**114**	water *221*
86	lemon	*193*	**115**	yesterday *222*
87	lesson	*194*		

参考文献　*223*

索　　引　*226*

第 1 章

類似表現について考える

1 「make ＋目的語＋動詞の原形」と「他動詞＋目的語」

(a) She **made** the child **sit** on the chair.
(b) She **sat** the child on the chair.

　(a) と (b) のいずれも，日本語に訳すと「彼女はその子供を椅子に座らせた」となりますが，主語 she の目的語 the child に対する関与が (a) では間接的で，(b) では直接的であるところに両者の違いがあります。すなわち，(a) は，主語 she が言葉を使ったり，平手でお尻をたたいたりして子供を椅子に座らせたような場合に適した表現です。一方，(b) に見られるように，他動詞用法の sat が使われると，主語 she が直接子供の体をつかんで椅子に座らせたことが表現されており，主語の実力行使が含意されます。

類似表現：

(c) He **made** the iron bar **bend**.
(d) He **bent** the iron bar.

(e) She **made** the desk **move**.
(f) She **moved** the desk.

　(c) は，例えば，「何千度もの火にあぶって鉄棒を曲げた」というような状況を表し，(d) は「直接手を使って鉄棒を曲げた」というような状況を表します。そして，(e) と (f) のペアに関しても，同様に，(e) は間接的な手段を用いて，一方，(f) は直接的な手段で机を移動させたことをそれぞれ表しています。

ポイント：

　主語が間接的に目的語を移動させたり，変化させる場合は，「make ＋目的語＋動詞の原形」のパターンが用いられ，主語が直接的に目的語を移動させたり，変化させる場合には，「他動詞＋目的語」のパターンが用いられる。

2 「make ＋人＋動詞の原形」と「get ＋人＋ to-不定詞」

(a) Sally **made** her husband **stop** smoking.
(b) Sally **got** her husband **to stop** smoking.

「make ＋人＋動詞の原形」は「相手の意志に反して強制的に〜させる」ことを言い表すのに用いられます。つまり，(a) は有無を言わせず強制して無理やりに夫に禁煙させたことを表します。一方，「get ＋人＋ to-不定詞」は「相手を説得して〜させる」あるいは「何がしかの努力をして相手に〜させる」ことを言うのに使われます。したがって，(b) は，例えば，絶対やめないと頑張っていた夫が，妻の説得によって，抵抗はあるにせよ禁煙に踏み切ったことを表すのにふさわしいということになります。

類似表現：

(c) The boss **made** them **work** until midnight.
(d) The boss **got** them **to work** until midnight.

(c) は「社長が強制的にいやがる彼らを真夜中まで働かせた」ことを，一方，(d) は「社長が彼らを説得して真夜中まで働くように仕向けた」ことを，それぞれ言い表しています。

注) make 使役構文を受動態にすると，to-不定詞が出現するので注意が必要です。例えば，John made her go there. は She was made to go there by John. となります。また，get 使役構文を受動態にすることも可能で，例えば，John got her to go there. を受動態に変換すると She was gotten to go there by John. となります。ただし，このような受動文は，ぎこちなく響きますので，特別な場面でのみ使用可能です。例えば，誰かが「彼女がジョンにそこに行かされた理由」を言うために，She was と言いかけて詰まった時に，別の誰かがその後に gotten to go there by John. と補足するような場面では OK です。

3 「have ＋人＋動詞の原形」と「let ＋人＋動詞の原形」

(a) The professor **had** his students **read** a book about economics.
(b) The professor **let** his students **read** a book about economics.

　(a) のような「have ＋人＋動詞の原形」も「人に～させる」ということを意味するわけですが，すでに見た「make ＋人＋動詞の原形」や「get ＋人＋ to-不定詞」と違って目的語である人に「抵抗」がないのがこの使役構文の特徴です。つまり，何かを当然やらなければならない，あるいはやって当たり前の事柄が前提となっている場面や状況下で，この「have ＋人＋動詞の原形」が使われるということです。
　一方，(b) のような「let ＋人＋動詞の原形」型の使役文は「相手の意向通りに～させる」ことを意味し，(b) は「学生達が自らすすんで経済学に関する本を読みたく思っていて，そのことを教授が許容した」ことを言い表します。つまり，(b) は学生達が積極的に勉強をしたがっている素晴らしい状況の描写と言えるでしょう。
　また，let は「(介入せずに) ～に...させる」の意味で，例えば，I let him do as he likes. (彼には好きなようにさせている) のように用いることもできます。

ポイント：
make ＋人＋動詞の原形：「((人)に無理やり) ...させる」
let ＋人＋動詞の原形：「(望み通りに (人) に) ...させてやる」「(介入せずに(人)に) ...させる」
have ＋人＋動詞の原形：「(するように頼めば当然してもらえるという状況下で) (人)に...してもらう」
get ＋人＋ to-不定詞：「(してもらいたいことを説得などして) (人) に...させる (してもらう)」

4 「make ＋人＋名詞」と「make ＋人＋ become ＋名詞」

(a) They **made** Mike **president**.
(b) They **made** Mike **become** president.

(a) は,「彼らがマイクを社長に選出した」ことを述べる場合に用いられる表現ですが, (b) は,「彼らがマイクを社長になる気持ちにさせて, それから彼を社長にならせた」というような場合に用いられる表現です。つまり, 目的語に当たる人物にその気にさせて何かにならせることを表すのに, (b) が使われるというわけです。また, 例えば,「彼らはマイクを弁護士にした」を英訳する場合, They made Mike a lawyer. とはせず, They made Mike become a lawyer. とするべきであることになります。なぜなら, 弁護士は選出されるものではなく, 弁護士になりたい当人が弁護士になる意志を持たなければいけないからです。

類似表現:

(c) I **made** Mary **interested** in psychology.
(d) I **made** Mary **be interested** in psychology.

(c) は, 例えば,「たまたま私がメアリーと心理学関係の話をした後, 彼女が自然と心理学に興味を持つようになった」というような状況描写に適しています。一方, (d) は,「私はメアリーが心理学に興味を持つように意識的に働きかけた」というような状況を表し, I が「直接的」にメアリーに影響を与えたという含意があります。

関連表現:

make が「〜になる」の意味で使われている例を見ておきましょう。
They **made** a happy couple. (彼らは幸せな夫婦になった)
Kate **made** vice-president of the company. (ケイトはその会社の副社長になった)

第 1 章 類似表現について考える 5

5 「与格構文」と「二重目的語構文」

> (a) Jane sent a letter to Tom.
> (b) Jane sent Tom a letter.

(a), (b) いずれも「ジェーンが手紙をトムに送った」ことを意味しますが，両者は微妙に使われ方が違います。与格構文の (a) では，手紙がトムの手許にあるのかどうかは判然としていません。つまり，(a) には「トムに送るには送った」のようなニュアンスが伴うのです。しかし，二重目的語構文の (b) では，トムが手紙の所有者であること，すなわち，Tom possesses the letter. ということが含意されています。

類似表現：

> (c) Mr. White taught French to Mary.
> (d) Mr. White taught Mary French.

(c) には，ホワイト先生はメアリーにフランス語を教えるには教えたが，フランス語を身につけるというところまでにいったかどうかははっきりしないというニュアンスが伴います。一方，(d) では，ホワイト先生がメアリーにフランス語を教えた結果，「メアリーはフランス語を身につけた」ことが含意されています。

ポイント：

与格構文：間接目的語である人が直接目的語である物を「所有」している含意はない。

二重目的語構文：間接目的語である人が直接目的語である物を「所有」していることが含意される。

注） ネイティブスピーカーの中には上記2つの型の違いをあまり意識していない人もいるようです。

6 「他動詞＋目的語＋場所を表す前置詞句」と「他動詞＋場所を表す目的語＋前置詞句」

> (a) David loaded hay on the cart.
> (b) David loaded the cart with hay.

(a) は干し草が荷車の一部に積まれているような様子を表します。それに対して，(b) は干し草が荷車に一杯になっている様子を表します。(b) では，場所である荷車が直接目的語となっており，目的語全体が影響を受ける解釈がなされます。すなわち，(b) 型の文では，直接目的語に当たる対象物に「全体的な」解釈がなされるわけです。一方，(a) 型の文では，動詞が前置詞の目的語に与える影響力は部分的であると解釈されます。

類似表現：

> (c) He sprayed paint on the fence.
> (d) He sprayed the fence with paint.
>
> (e) She spread butter on the toast.
> (f) She spread the toast with butter.

(c) は「彼がフェンスの一部にペンキを吹き付けた」ことを含意します。それに対して, (d) は「彼がフェンス全体にペンキを吹き付けた」ことを含意します。(e) も「彼女が部分的にトーストにバターを塗った」状況を示唆しますが, (f) は「彼女がトースト全体にまんべんなくバターを塗った」状況を示唆します。

ポイント：

「他動詞＋目的語＋場所を表す前置詞句」型：動詞が前置詞の目的語に部分的に影響を与える。

「他動詞＋場所を表す目的語＋前置詞句」型：動詞が目的語全体に影響を与える。

7 「that 節型」と「to-不定詞型」と「to be のない型」

(a) I believe that Mary is honest.
(b) I believe Mary to be honest.
(c) I believe Mary honest.

believe のような動詞は，上の (a) のように that 節をとる場合と，(b) のように to-不定詞をとる場合があります。さらに，(c) のように to be がない場合があります。(a) のように that 節を伴う文は客観的なデータに基づく判断を表しており，(c) のように to be が省略されている文は話し手の直接的な観察による判断を表します。(b) は (a) と (c) の中間くらいに位置する文です。

類似表現：

(d) I find that the bed is comfortable.
(e) I find the bed to be comfortable.
(f) I find the bed comfortable.

(d) は，例えば，主語 I が「ベッドに関するお客さんのアンケート」を読んで「寝心地が良い」と判断したような場合に用いられます。(f) は主語 I が実際にベッドに寝てみて，その結果ベッドの寝心地がよいことを直接体験したような後に，ふさわしい文ということになります。そして，(e) は (d) と (f) の中間くらいに当たる表現となります。つまり，客観的な証拠プラス話し手である主語の直接体験の両方がベッドに関する判断の基準となっているということです。

ポイント：

that 節型は主語の客観的な根拠に基づく判断を，to be のない型は主語の直接的体験に基づく判断を表す。to-不定詞型は that 節型と to be のない型の中間くらいの表現。

8 decide that ... と decide to ...

> (a) Peter and Sue have **decided that** they will get married.
> (b) Peter and Sue have **decided to** get married.

　decide の後には (a) のように that 節が来ることも，(b) のように to-不定詞が来ることもあります。(a) は，結婚式の日取りについて話し合いがされているところまではいっておらず，結婚の意志の表明にとどまっている表現ですが，(b) は近いうちに（例えば，1ヶ月後に）結婚をするという明確な計画があることを含意します。

関連表現：
(c) Why did you **decide** to be a singer?
(d) Why did you **determine** to be a singer?

　いずれの文も「なぜ歌手になることを決心したのですか」を意味しますが，decide は「いくつかの選択肢の中から一つを選び出す」という行為に焦点が当たっており，一方，determine は注意深く研究［調査］した結果，「最終的に決心に到達する」という意味合いがあり，最後まで目的の意向をつらぬく強い決意を暗示する，という微妙な違いが両者の間に存在します。つまり，(c) では決心するという行為に重点があり，(d) ではある過程を経て決心という最終的な心的状態に至ったことに重点があります。

注) decide は「決心する」という意味のほかに，「...と思う」「...と判断する」の意味でも用いられますので注意が必要です。例えば，I decided that he was the right person for the post. （私は彼がその地位に適任だと思った），あるいは I decided her mother was a kind person. （私は彼女のお母さんは親切な人だと思った）のような例は案外と頻度が高いので注意が必要です。

9 「to-不定詞」と「that 節」

> (a) Mary pretended **to be** a singer.
> (b) Mary pretended **that** she was a singer.

　(a) のように，to-不定詞が用いられると「活動」を表し，(b) のように that 節が用いられると「心の状態」を表すことがあります。(a) は，メアリーが歌手の振るまい，様子をまねたことを含意します。例えば，メアリーが大きな鏡の前に立って，歌手さながら実際に歌ったというような状況を想像するといいでしょう。一方, (b) は，メアリーが心の中で自分が上手に歌っている姿を想像したことを表すのに適しています。

類似表現：

(c) Mary remembered **to be** there on time.
(d) Mary remembered **that** she was there on time.

(e) Mary forgot **to be** cautious.
(f) Mary forgot **that** she was cautious.

　(c) では「メアリーが忘れないでそこへ時間通りに行った」ことを，(d) では「メアリーがそこに時間通りにいた事実を思い出した」ことが述べられています。（しかし，(c) に関しては文脈次第で，「そこに時間通りに行くことを覚えていたのだが，実際はそのようにしなかった」という解釈も可能です。）

　(e) は「メアリーは慎重になることを忘れた」を意味します。つまり，(e) は「メアリーが慎重な行動をとらなかった」ということを言い表しているわけです。他方，(f) は「メアリーは自分が慎重であることを忘れていた」を意味します。つまり，「自分が慎重な性格であることを忘れていた」ということです。

10 「to-不定詞」と「for 〜 to-不定詞」

> (a) The student asked Mr. White **to give** his advice.
> (b) The student asked **for** Mr. White **to give** his advice.

　(a) も (b) もともに「その学生はホワイト先生に助言を求めた」ことを言い表していますが，for の有る無しだけで両者には微妙な意味の違いが認められます。すなわち，(a) は学生が直接ホワイト先生に助言を求めたことを含意しており，一方，(b) は学生が間接的にホワイト先生に助言を求めたことを含意しているということです。その証拠に，(a) 文の後に but Mr. White wasn't there. のような内容の文が続くと，意味的に整合性のない文となり，容認されないことになりますが，(b) 文の後に同じ but 以下の文が続いても，問題なく容認されるということがあるからです。

(a′) The student asked Mr. White **to give** his advice, *but Mr. White wasn't there.
(b′) The student asked **for** Mr. White **to give** his advice, but Mr. White wasn't there.

　このように，for の有無が微妙な意味の違いを反映しているわけです。for 一語が介在しているために，主語である the student と Mr. White の間に「距離間」が感じられ，それだけ，主語の働きかけが間接的になるということになると考えられます。したがって，自分自身のことに言及するのに，例えば，*I like for me to win the prize. のような自分と自分自身とに距離があるような表現は不適切であり，I like to win the prize. のように言うのが普通であることも頷けるでしょう。そして，話し手以外の人について述べる際には，話し手自身と他者には距離がありますから，I like for Sally to win the prize. のような表現は不自然ではないことも了解できるものと思われます。もっとも，I like Sally to win the prize. のような言い回しが頻度が高いようです。

11 「for ~ to-不定詞」と「that 節」

> (a) I said **for** her **to be** promoted.
> (b) I said **that** she had to be promoted.

(a),(b) ともに「彼女は昇進させるべきである」ことを述べていますが，(a) は話し手である主語 I の主観的な見解が表明されているのに対して，(b) は話し手の客観的な見解が that 節で表明されているところに違いが存在します。また，(a) は，話し手である主語 I に，for her to be promoted という内容を実現させる力あるいは能力があることが暗示されています。一方，(b) では，話し手である主語 I に，that 節の内容を引き起こすだけの力があるということは含意されていません。さらに，(a) は，for 以下の内容がまだ現実化していない事態であるとする解釈が優勢であるのに対して，that 節はその内容が現実化されたことを強く示唆します。したがって，(b) では，実際に She was promoted. ということが含意されていることになります。

(a) タイプの文は，truth neutrality，すなわち，for 以下の内容については，それが現実化したかもしれないし，現実化しなかったかもしれないということを表し，(b) タイプの文は truth commitment，すなわち，that 節の内容が現実化されたことを示唆するのです。

類似表現：

> (c) It was possible **for** him **to swim** across the river.
> (d) It was possible **that** he swam across the river.

(c) では「彼が川を泳いで渡った」かどうかについては，中立的であり，実際にそうしたかあるいはそうでないか判然としません。それに対して，(d) は「実際に彼が川を泳いで渡った」ことを暗示しています。つまり，(c) は「彼の能力」について述べているのに対して，(d) は Maybe he swam across the river. と述べているに等しいというわけです。

12 「help ＋人＋ to-不定詞」と「help ＋人＋動詞の原形」

(a) Bob **helped** Sally **to eat** the pudding.
(b) Bob **helped** Sally **eat** the pudding.

(a) のように to がある文では「間接的な援助」が，一方，(b) のように to のない文では「直接的な援助」が表されます。つまり，例えば，ボブがスプーンを使ってサリーにプディングを食べさせたような状況描写に (a) がふさわしいということになります。他方，(b) はプディングをボブ自身も半分食べたような状況描写に適します。要するに，(b) では，プディングを食べる行為にボブも加わったことが含意されているわけです。

類似表現：

(c) John **helped** me **to write** the letter.
(d) John **helped** me **write** the letter.

(c) では「間接的な援助」が，一方，(d) では「直接的な援助」が含意されています。すなわち，(d) はジョンも手紙の内容を分担して書いた様子を暗示しています。

ポイント：

「help ＋人＋ to-不定詞」型：「人を(間接的に)援助する」
「help ＋人＋動詞の原形」型：「人を(直接的に)援助する」

注） 英語の help は「結果」まで含んでいますが，日本語の「助ける」はそうではないという点に注意が必要です。英語では，*He helped me (to) solve the problem, but I couldn't. のようには言うことができません。日本語では「彼は問題を解く手伝いをしてくれたけど，解けませんでした」と言えますが，英語では，He tried to help me to solve the problem, but I couldn't. と表現されます。

13 「主語＋ be ＋形容詞＋ to-不定詞」と「It ＋ be ＋形容詞＋ to-不定詞」

(a) Jim is easy to please.
(b) It is easy to please Jim.

(a) のように人が主語になっている構文は，人の特性 (性質) を言い表します。つまり，(a) はジムがすぐに喜ぶ特性の持ち主であることを主張している文ということになります。一方，(b) では，easy の真の主語は to please Jim です。したがって，(b) は「ジムを喜ばせることは容易である」ことを述べています。

類似表現：

(c) This tune is easy to play on this guitar.
(d) It is easy to play this tune on this guitar.

(c) は「この曲は簡単なので，このギターで弾ける」ことを言い表し，(d) は「このギターでこの曲を弾くのはやさしい」ことを意味します。

注) 次のペアは一見すると同一の構文ですが，実は違いがありますから注意が必要となります。

(e) Mary is easy to please.
(f) Mary is eager to please.

実際，(e) と (f) とではかなり意味が違います。(e) は「メアリーはすぐに喜ぶ」ことを意味しますが，(f) は「メアリーは人を喜ばせることに熱心である」ことを意味します。つまり，(e) では Mary は表面上は主語ですが，意味的には please の目的語です。一方，(f) では please の後には目的語が現れていませんが，other people が意味的に補われた格好で解釈されることになります。

14 「人＋be＋形容詞＋to-不定詞」と「人＋動詞＋副詞」

(a) Mike is easy to shock.
(b) Mike shocks easily.

　(a) と (b) の両方とも日本語に訳すと「マイクはすぐにショックを受ける」となりますが，(a) は「故意にマイクにショックを与え，それが容易にできる」ことを言い表しています。(b) は「意図的にショックを与える気持ちはないが，何気ない言葉や行為でマイクはショックを受けやすい」ことを言い表しています。(a) タイプの文には第三者からの「意図的な働きかけ」が感じられますが，(b) タイプの文にはそのような含意はなく，第三者からの非意図的な行為が原因となっているという解釈がなされるということです。

類似表現：

(c) Meg is easy to scare.
(d) Meg scares easily.

　(c) は，何がしかの意図的な行為を通じてメグを怖がらせるのは簡単であることを述べています。一方，(d) は，怖がらせる意図はないにもかかわらずメグはすぐに怖がる，ということを述べています。

注） Mike shocks easily. や Meg scares easily. のようなタイプの文は，英文法の世界では「能動受動文」あるいは「中間構文」のように呼ばれています。なぜなら，動詞は他動詞が使われていて能動文の格好をしているのに，意味的には受動文的であるからです。Mike shocks easily. と Meg scares easily. は，それぞれ別の英語で説明すると，Mike can be shocked easily. や Meg can be scared easily. とほぼ同じ意味を表します。

第 1 章　類似表現について考える　　15

15 「主語＋動詞＋副詞」と「主語＋ be ＋形容詞＋ to-不定詞」

(a) This book reads easily.
(b) This book is easy to read.

(a) は「書かれている内容が簡単である」ことを述べています。(b) には (a) と同じ意味もありますが，書かれている内容についてだけでなく，文字が読みやすい，あるいは読むのに持ち運びしやすいという意味でも使われます。

関連表現：
(c) The shirt irons well.
(d) The shirt was ironed well.

(c) は，シャツの質(quality)について述べている文ですが，(d) は，アイロンをかけた人の技術(skill)について述べた文です。

注) 前ページですでに Mike shocks easily. のような文は，能動受動文や中間構文と呼ばれることを見ましたが，人が主語になっている例は少数派であり，This book reads easily. のような文が典型的な能動受動文あるいは中間構文と言えるでしょう。日常会話でよく出て来る表現である This book is selling like crazy [like hot cakes]. (この本は飛ぶように売れています) や The film is now showing. (その映画は今上映されています) のような文も同じ種類の範疇に入ります。この構文は広告や宣伝でよく用いられると言われています。例えば，This Teflon frying pan cleans easily. (このテフロンのフライパンは簡単にきれいにすることができます), It stores anywhere easily. (それはどこにでも簡単に収納できます) がその例です。(最後の例文の it はバーベキューをする器具を指しており，これはアメリカのテレビコマーシャルで流されているのを実際に筆者が耳にした文です。)

16 「prevent ＋目的語＋ ~ing」と「prevent ＋目的語＋ from ~ing」

(a) My mother prevented me swimming.
(b) My mother prevented me from swimming.

(a) と (b) の違いは from があるかないかだけですが，(a) は，これから泳ぎに行こうとしている私の行く手を母親が両手を広げてはばんだような状況を表します。一方，(b) は，母親が第三者を介して何らかの形で私に泳ぎをやめさせたような状況を表します。

類似表現：

(c) He stopped the child going there alone.
(d) He stopped the child from going there alone.

ここでも，上と同じ説明が当てはまります。つまり，(c) と (d) の違いは，(c) には前置詞の from がなく，(d) には from が含まれているというだけなのですが，(c) では「文の主語である he が直接的な手段で子供が一人でそこに行くことを阻止した」ことが述べられているのに対して，(d) では，「he が間接的な手段を用いて子供を一人でそこに行かせることを阻止した」ことが暗示されています。

ポイント：

12（13 ページ）で to の有無によって文全体のニュアンスが変わることを見ましたが，それと同じように，ここでも from があるかないかで微妙に文全体のニュアンスが変わります。

from のないタイプ：「主語名詞の目的語(人)への文主語の直接的関与」を含意する。

from があるタイプ：「主語名詞の目的語(人)への文主語の間接的関与」を含意する。

第 1 章 類似表現について考える

17 「I wish ＋過去形」と「I wish ＋人＋ to-不定詞」

(a) **I wish** you **would come** as soon as possible.
(b) **I wish** you **to come** as soon as possible.

　(a) はいわゆる仮定法過去の文で、現在の反対のことを願望する表現です。(a) は、I wish の後に過去時制を用いて現在の事実と反対のことを願望する文ということになります。したがって、(a) は、話し手である I が、はなから相手が来てくれるとは思っていないことを表現していることになります。「I wish ＋(助)動詞の過去形」の形は、「～であればいいのだが」という現在の事実と反対のことを願望する表現であるというわけです。一方、(b) は、「あなたにすぐに来てもらいたい」という意味の「要求」あるいは丁寧な「命令」を表す文です。

注)　(b) の「wish ＋人＋ to-不定詞」の構文は、丁寧な命令を表しますが、普通は目上の人には使いませんので注意が必要です。現実には、このタイプの構文よりも「want ＋人＋ to-不定詞」の構文の方が普通です。目上の人になら、何かをしてもらいたい時には、I would like you to ... のような表現が適切でしょう。あるいは、I was wondering if you would ... のような表現でさらに丁寧な感じを出すことができます。例えば、I was wondering if you would open the window.（窓を開けていただけませんでしょうか）のような文では、I was wondering と過去進行形が用いられているのですが、これは「過去」のことについて言っているのではなく、あくまでも「現在」のことについて述べている文です。過去を表すのに動詞の過去形だけが、また、現在のことを表すのに現在形だけが使われるというのであれば、これほどすっきりと分かりやすいことはないのですが、上の例のように、言うならば「心理的な距離感」を表すために過去形が用いられることがあるということです。ここから、「丁寧さ」という言外の意味が生まれます。

18 to do と doing

(a) She's the one **to do** the job.
(b) She's the one **doing** the job.

(a) を別の言い方にすると，She's the one who should do the job. となります。つまり，(a) は「彼女はこれからその仕事をするべきである」を意味します。一方，(b) は「彼女は実際にその仕事を行なっている」ことを表します。to-不定詞が使われている (a) は未来の可能性について言及しているのに対して，~ing 形が使われている (b) は現実の内容に言及しています。

to-不定詞と動名詞については，前者は「未来指向的」な内容を言い表すのに用いられ，後者は「現実」に言及するのに用いられる，とよく言われます。確かに，to-不定詞は未来の事柄を表すのにふさわしく，I want to go to America once again. や I hope to see him in the near future. のような文で用いられます。しかし，to-不定詞の to は概念的な距離を表すために用いられると考えたほうが，より広い範囲の用例を説明することができるように思われます。上の (a) で考えると，to の存在により概念的な距離が表され，do the job に至っておらずその方向にあることが表されているととらえられます。

一方，動名詞が用いられている I enjoy talking to him. や I remember seeing her somewhere before. のような文では，動名詞の表す「現実性」が確認できるわけですが，実際は，主動詞がその後に動名詞をとる場合というのは，主動詞の時間と動名詞が表す時間が「同時」である，ということを表すという説明の方が有効かもしれません。何かを enjoy するということは enjoy する内容がそれと同時的であるはずですし，何かを remember するという行為と思い出す内容が同時的であると考えられます。したがって，to は主動詞が表す内容と不定詞が表す内容に「概念的な距離」を持たせ，動名詞は主動詞との「同時性」を示すとする考えも有効であるように思われます。

19 start to hit と start hitting

(a) Peter started **to hit** Frank.
(b) Peter started **hitting** Frank.

　(a) では to-不定詞の to hit が，(b) では動名詞の hitting がそれぞれ使われていますが，to-不定詞は概して「未来指向性」を，また動名詞は概して「現実性」を表すことはすでに見た通りです。つまり，(a) はピーターがフランクを殴り始める前に思いとどまったことを暗示しているのに対して，(b) は現実にピーターがフランクを殴り始めたことを言い表しています。もう少し詳しく述べると，(a) は，ピーターが棒を振り上げ，それでフランクの頭を殴るところまでには至っていないことを想像させる文です。つまり，(a) は，実際にピーターがフランクを殴ったかどうかについては何も述べていないということです。したがって，ピーターがフランクを殴ったか，あるいは殴らなかったかどうかは，(a) の後に続く文脈次第ということになります。他方，(b) はピーターがフランクを少なくとも 2, 3 回は殴ったことを表します。

類似表現：

(c) Peter tried **to drive** the car.
(d) Peter tried **driving** the car.

　(c) は「ピーターが車を運転しようとした」ことを意味しますが，その後に but を予測させ，普通は，車を実際には運転しなかったということを含意します。つまり，(c) の後には，例えば but he couldn't のような表現が隠れているわけです。一方，(d) は「ピーターが実際に車を試しに運転してみた」ことを述べている文です。

20 cease to worry と cease worrying

(a) She has ceased **to worry**.
(b) She has ceased **worrying**.

　ここでも，両者の違いは to-不定詞と動名詞の違いということになりますが，to-不定詞が使われている (a) には，悩みが「断続的」であること，つまり「悩む時もあったがそうでない時もあった」という含意があります。一方，動名詞が使われている (b) は，悩みがずっと一定期間持続していたことを含意します。

関連表現：

　cease の同義語に stop がありますが，両者は微妙に意味が違います。cease は「漸進的な変化」を表し，stop は「突然の変化」を表します。つまり，前者はだんだんとある状態がおさまっていくような描写に適切であり，後者はある行為が突然やんでしまうような状況描写に適切ということになります。したがって，「すぐにそれを止めなさい」は Stop it at once. と言いますが，*Cease it at once. とは言えないわけです。

注） stop は，その後に to-不定詞が来る場合と動名詞が来る場合とでは意味が違うことはよく知られていますが，ここで念のため確認しておきましょう。例えば，(c) He stopped to write a letter. と (d) He stopped writing a letter. を比べてみましょう。(c) は「手紙を書くためにそれまでやってきたことをやめた」ことを，(d) は「手紙を書くのをやめた」ことを意味します。(c) のような文では，文脈からそれまでやってきたことを割り出さなければなりませんが，例えば，He stopped watching TV to write a letter. のように stop 以下に watching TV のような要素を補って表現すれば，文全体の意味がはっきりとするでしょう。

21 go on to talk と go on talking

> (a) Maria went on **to talk** about her trip.
> (b) Maria went on **talking** about her trip.

　(a) は「マリアは話題を変えて，次に自分の旅行のことについて話し始めた」を意味します。一方，(b) は「マリアは自分の旅行について話し続けた」を意味します。ここでの (a) と (b) の違いも，「go on + to-不定詞」と「go on +動名詞」との違いということになります。(a) のように to-不定詞が使われると，「一度中断したことをまた始める」ことが表され，一方，(b) のように動名詞が使われると，「同じことを中断することなく継続する」ことが表されます。

類似表現：

> (c) It stopped raining, and they went on **to play** baseball.
> (d) It started to rain hard, but they went on **playing** baseball.

　(c) は，「雨がやみ，彼らは（一度中断した）野球をまた始めた」を意味し，(d) は「雨がはげしく降り始めたが，彼らは野球を続けた」を意味します。

関連表現：

　keep (on) ~ing も行為の「継続」や「繰り返し」を表すのによく使われますが，この表現について少し見ておくことにしましょう。keep ~ing と keep on ~ing のいずれもその表す意味に変わりはありませんが，on が添えられている方が継続の意味が強調されます。「継続」を表す例として，She kept (on) talking about her trip.（彼女は自分の旅行のことを話し続けた）を，また「繰り返し」を表す例として，She kept (on) visiting her cousins every summer for over eight years.（彼女は 8 年以上毎年夏にいとこを訪問し続けた）を挙げることができます。

22 remember to see と remember seeing

(a) Ted remembered **to see** the boss.
(b) Ted remembered **seeing** the boss.

　(a)は「テッドは，社長に会うことを覚えていた」を意味し，(b)は「社長に会ったことを覚えていた」を意味します。(a)文の後には，例えば，but when he arrived at the hotel lobby he found the boss had already gone のような内容の英文を続けることができますから，to-不定詞が表す事態が実現しなかったことを言い表すこともあります。また，現在時制の場合，「remember + to-不定詞」は「これから行なう行為を忘れずに行なう」ことを意味し，例えば，Remember to give her a call.（忘れずに彼女に電話をしなさいよ）のように用いられます。一方，「remember +動名詞」は「既に行なったことを覚えている」ことを意味します。例えば，I remember giving her a call.（彼女に電話をしたことを覚えています）のような表現はよく知られていると思います。

関連表現：

　ここで remember と recall の違いを確認しておきましょう。remember には，「思い出す」「覚えている」「覚える」の意味があります。すなわち，努力なしに何かを思い出す意味と，意識して何かを思い出したり覚えたりする意味の両方をカバーします。他方，recall は，意識的に何かを「思い出す」ことを意味し，remember と交換可能な場合が多いのですが，法廷での証言のために「思い出す」ことを表す場合には recall が用いられます。また，Remember to mail this letter for me.（この手紙を投函することを忘れないでね）と言っても，*Recall to mail this letter for me. とは言いません。

23 hesitate to send と hesitate sending

(a) Jane hesitated **to send** an answer to his letter.
(b) Jane hesitated over **sending** an answer to his letter.

(a) に見られる「hesitated + to-不定詞」の形は、「～することを躊躇したが、結局～しなかった」ことを含意します。一方、(b) に見られる「hesitated over + ~ing」の形には、「～することを躊躇したが、結局は～した」という含意が伴います。したがって、(b) には Jane hesitated over sending an answer to his letter (but eventually she did send it). の括弧内の英文が含意されていることになります。

類似表現：

(c) He is planning **to build** a doghouse.
(d) He is planning **building** a doghouse.

(c) は、文主語が単に犬小屋を建てようと考えているだけ、つまり「彼が漠然と犬小屋を建てることを計画している」というような状況を表します。一方、(d) は「彼が犬小屋をどのように建てるかについて、具体的に考えている」様子を描写しています。例えば、犬小屋をどのような材料を使ってどこに建てるか、といったことを彼が考えていることを示唆しています。

関連表現：

誰かにお願いごとをするのはなかなかしにくいものです。しかし、どうしてもそうせざるを得ない時には、I hesitate to ask you but ...（お願いしにくいのですが...）と切り出しましょう。また、何か好ましくないことを誰かに言わなければならない時には、まくら言葉的に、I hesitate to say but ... を使うと、相手もそれなりの心構えで耳を傾けてくれることでしょう。

24 hurry to eat と hurry over eating

(a) Brian hurried **to eat** his breakfast.
(b) Brian hurried over **eating** up his breakfast.

(a) は「ブライアンは朝食を急いで食べ終えようとしていた」ことを言い表していますが，(b) は「ブライアンは朝食を急いで食べ終えた」ことを言い表しています。(a) は，意味的に，Brian hurried to finish eating his breakfast. に近い感じになります。

関連表現：
(c) The repairman **hurried** to fix the air-conditioner.
(d) The repairman **hastened** to fix the air-conditioner.

動詞 hurry と hasten もともに「急いで〜する」ことを意味しますが，hurry の方がより強い「移動」「動き」の含意を伴うと言われています。実際，(c) と (d) の両方ともが，次の2通りの意味解釈を許します。一つは「修理工が急いでやって来て，エアコンの修理をした」という解釈で，もう一つは「修理工はすばやくエアコンを修理した」という解釈です。ただし，(c) には前者の解釈が優先的に適用され，(d) には後者の解釈が優先的に適用される傾向があるようです。

ちなみに，「急いで〜する」の反対は「ぐずぐずする」ですが，これは，英語では dawdle が対応します。この単語の定義は，to take a long time to do something or go somewhere と *Oxford Advanced Learner's Dictionary* にあります。この定義から，dawdle は「ぐずぐずして過ごす」「だらだらする」「のろのろ動く」「ぶらぶら歩く」などの日本語に相当することになります。例文を挙げておきましょう。

He is always **dawdling** over his work.（彼はいつもだらだら仕事をしています）

We **dawdled** off to the station.（私たちは駅までぶらぶらと歩いて行った）

25 to play と playing

(a) It's fun **to play** golf.
(b) **Playing** golf is fun.
(c) It's fun **playing** golf.

(b), (c) ともに実際にゴルフをしている場面で,「ゴルフって楽しいですね」と言うのにふさわしい表現です。また, 頭の中で想像してゴルフの楽しさを述べる場合に適切なのは (a) です。

(b) のように動名詞が主語になっている文と (c) のように「It + be ＋動名詞」型が存在するわけですが, (b) 型と (c) 型の両方の文が, 話題として確立された対象に対して何がしかのコメントをする文として機能します。したがって, 例えば, 疑問文 Do you like golf? の答えとして, (b) Playing golf is fun. と (c) It's fun playing golf. の両方が適切な表現となります。

また, to-不定詞を用いた (a) It's fun to play golf. に関してですが, これは動名詞を用いている (c) It's fun playing golf. とはどのように違うのでしょうか。(c) は, 現実に話し手がゴルフをする体験を通して「ゴルフをすることは楽しい」と述べている文であることは上で見た通りですが, (a) は, 話し手の直接体験というよりも何がしかの客観的な根拠を拠り所として「ゴルフをすることは楽しい」と判断している文であると言われています。つまり,「客観的判断あるいは間接的な根拠に基づく判断」を表す場合には to-不定詞が, 一方,「主観的あるいは直接体験に基づく判断」を表す場合には動名詞が用いられるとしてよいようです。

ポイント：

to-不定詞が用いられる場合：話者の間接的で客観的な判断が述べられる。

動名詞が用いられる場合：話者の主観的で直接的な判断が述べられる。

26 like to run と like running

(a) He always likes **to run** a marathon.
(b) He always likes **running** a marathon.

(a) は，マラソンをするという「概念」に焦点が置かれている文で，未来においてマラソンをする方向にあることが述べられています。すなわち，「彼はいつもマラソンをしてみたいと思っている」という意味を表していることになります。一方，(b) は，彼が現実にマラソンをしているという「事実」が暗示されています。このように，to-不定詞と動名詞は，微妙に使い分けがなされているのですが，このことは，次の (c) と (d) の文に関しても同じ説明を適用することができるでしょう。

類似表現：

(c) It's nice **to be** young.
(d) It's nice **being** young.

いずれの文も，「若いということはいいことだ」と日本語に訳されますが，(c) では「概念」が，また (d) では「事実」が述べられているところに両者の違いがあります。(c) が適切に用いられる場面としては，例えば，年齢を重ねた人が若い人の面前で，その人に「若いことはいいことだ」と言うような場面を想像するといいでしょう。一方，(d) は，若者が「現実に自分が若いことをいいことだ」と思っていて，そのように述べている場面にふさわしい表現ということになります。したがって，例えば，ある女性が自分が女性であることを素晴らしいと思っている表現としてふさわしいのは，動名詞を用いた方の It's nice being a woman. であって，It's nice to be a woman. ではないことが予想できるでしょう。

27 「動詞＋前置詞＋目的語」と「動詞＋目的語」(1)

(a) Bob climbed **up** the mountain.
(b) Bob climbed the mountain.

　(a) は頂上まで登ったかあるいは登らなかったかは不明で，とにかく登山をした事実だけを述べる文ですが，(b) のように up のない表現は，頂上までたどり着いたことを述べる際に使われます。(a) のように前置詞を伴う場合と，(b) のように動詞が直接目的語をとっている場合とでは，ニュアンスが変わります。すなわち，(a) タイプの文は「誰にでもできそうな簡単なことをする」ことを表しますが，(b) タイプの文は「難しいと思われることを達成する」ことを表します。

類似表現：
(c) The boys swam **across** the river.（少年達は川を泳いで渡った）
(d) He swam the English Channel.（彼はイギリス海峡を泳ぎ切った）

　(c) における「川」は，岸から岸までの距離がたいしてないことが推測されます。なぜなら，少年が泳いで渡ることができる程度の川であることが，前置詞の across によって暗示されているからです。一方，(d) は，誰もができるわけではない行為の達成が含意されていることは，the English Channel が直接 swim の目的語になっていることから分かります。
　また，次の例において，(f) が適切でない文と判断される理由ももはや明らかでしょう。

(e) She jumped **over** the cat in the path.
(f) *She jumped the cat in the path.

28 「動詞＋前置詞＋目的語」と「動詞＋目的語」(2)

(a) Kenny kicked **at** the ball.
(b) Kenny kicked the ball.

　両文の違いは，前置詞 at があるかないかだけです。前置詞 at を伴う (a) は，ただ「ねらいを定めてボールを蹴った」ことを述べているだけで，実際にケニーの足がボールに当たったかどうかは不明の文です。しかし，単に (a) の文だけを耳にすると，聞いた人は He missed making contact. と思ってしまうようです。(b) のように前置詞がない文は，実際に足とボールが接触したことを言い表します。

類似表現：

(c) John pulled **on** the rope.
(d) John pulled the rope.

　(c) は「ジョンがロープを引っぱってはみたが動かなかった」ことを表しますが，(d) は「ジョンがロープを引っぱりロープが動いた」状況を描写しています。

　ほかにも，John cut at the meat. と John cut the meat. や John caught at the rope. と John caught the rope., また, John shot at the lion. と John shot the lion. などの各ペアの違いも，上の説明から明らかでしょう。

ポイント：

　動詞の後に前置詞が置かれると強調される点は，主語が動詞の表す行為に従事したことであり，行為の結果ではない。つまり，「動詞＋目的語」のパターンは「動詞が表す行為，すなわち，働きかけが直接的に目的語に及んでいる」ことが述べられているのに対して，「動詞＋前置詞＋目的語」のパターンは「目的語を対象とする働きかけ」のみが述べられているに過ぎない。

29 「meet + 人」と「meet + with + 人」

(a) Brian **met** Amy at the station.
(b) Brian **met with** Amy at the station.

 (a) は,「駅でブライアンは (会う約束をして) エイミーに会った」という解釈と,「駅でブライアンは (偶然に) エイミーと会った」という解釈の両方を許します。それに対し, (b) は, (a) の最初の解釈, すなわち, 例えば, ブライアンは何かの相談をエイミーにする目的で彼女に会う手はずをとったことを暗示します。つまり, 偶然の出会いは「A meets B」のパターンで表現されるということです。また, 偶然の出会いは, Brian saw Amy at the station. のように see を用いて表現することもできます。

関連表現：

 meet と see の違いについて確認しておきましょう。まず, meet は自動詞としても使われますが, see は自動詞として使うことができません。したがって, Let's meet at the airport.（空港で会いましょう）とは言っても *Let's see at the airport. と言うことはできません。また, どこで会うかを相談する時にも, Where will we meet? とは言っても, *Where will we see? とは言いません。

 「集まる」「会合する」の意味での「会う」は meet や get together が用いられます。例えば, We meet [get together] twice a year.（私たちは年に 2 回会っています）, We're supposed to meet [get together] at Mike's house.（私たちはマイクの家で会うことになっています）のように使われます。

 注) もちろん, よく知られているように,「偶然性」を強調したければ, Brian happened to meet [see] Amy., Brian ran [bumped] into Amy., Brian met Amy by chance. などで表現することができます。

30　at と in (1)

> (a) Sally is still **at** the department store.
> (b) Sally is still **in** the department store.

いずれの文も日本語に訳せば、「サリーはまだデパートにいます」となりますが、(a) は、話し手が、デパートから離れた場所にいて、誰かにサリーのいる場所を教えるような場合に適切です。一方、(b) は、話し手がデパートの中にいるかその近くにいるような場面で使われます。at は「点」を、in は「容器に見立てられた物の中」を表すと言われています。点的にある場所がとらえられているということは、その場所が話し手のいる所から「離れている」ことを暗示するものと思われます。つまり、ある物が見えている場合、その物から離れれば離れるほど、それがだんだんと小さくなっていき、最終的には「点」にしか見えなくなります。このような状況を想像してみるとよいかもしれません。

関連表現：

(c) A little fish is swimming **in** the water.

(d) A little fish is swimming **under** the water.

(e) They got **in** the car.

(f) They got **into** the car.

(c) は、水が「容量のある存在物」としてとらえられていることを表しますが、(d) は、水が「表面」としてとらえられていることを表します。同じ状況であっても、視点のとりかたが違うと表現が変わることが分かります。

(e) と (f) はともに「彼らが自動車の中に乗り込んだ」ことが表現されているのですが、(e) の方は「（車に乗り込んだ）結果」に重点が置かれている一方、(f) は「（車の中に乗り込む）動き」に重点が置かれている点が、両者の微妙な違いということになるでしょう。

31 　at と in (2)

(a) Leslie is **at** a fight.
(b) Leslie is **in** a fight.

(a) では，レスリーが喧嘩の現場にいるだけで，彼自身は直接喧嘩に関与していないことが暗示されています。他方, (b) には，レスリーが積極的に喧嘩に関与しているという含意があります。

類似表現：
(c) Tom was **at** a soccer game.
(d) Tom was **in** a soccer game.

上で見たことと同じことが言えます。すなわち，(c) はトムがサッカーの試合の場に居合わせただけでゲームには加わっていないことを暗示し，一方, (d) はトムが積極的に試合に参加していたことを述べています。

注） ある場所が点的にとらえられている場合に at が用いられることはすでに見た通りですが，in が使われることによって「喧嘩」が「容器」のように見立てられ，その中にレスリーがすっぽりと入っていることを表すのですから，喧嘩に関与している感じが強く感じられることになるものと思われます。

ちなみに，at the station と in the station の違いは，at を使うと駅の内外を問わず単に「駅にいる」ことが表され，in が使われるとやはり「駅」が容器に見立てられていて，「駅構内で」という意味合いになります。また，例えば，飛行機を乗り換えるような場合，通過点としてロンドンがとらえられているような状況下では，We changed planes at London.（私たちはロンドンで飛行機を乗り換えた）のように at が用いられます。

32 　in と on

(a) Andrew is **in** the train.
(b) Andrew is **on** the train.

　かなり微妙ではありますが,「入れ物」あるいは「容器」として電車が概念化されている場合には前置詞は in が選択され,電車が「輸送手段」としてとらえられている場合には前置詞は on が選択されます。例えば,停車中の電車の中にアンドリューが乗っていることを知っている人が,駅のプラットホームで彼をさがしている人に彼の居場所を教えるような場面では (a) がふさわしいでしょう。また,輸送手段として電車を見ているような場合には on がふさわしいので,例えば,Andrew is in the 9 o'clock train. と言うよりも,Andrew is on the 9 o'clock train. のように言うのが普通です。train 以外の乗り物の bus, plane, boat, ship などの前にも in と on のいずれも用いられますが,その選択に関しては,上の train の場合と同様の説明を適用することができます。

関連表現:

　「街路で」は,in the street と on the street の両方の言い回しが可能ですが,前者はイギリス人が用い,後者はアメリカ人がよく用いるという違いがあります。ただし,イギリス英語でも,道路上の乗り物を言うような場合には,例えば,There were so many cars on the street in the afternoon. のように on the street を用います。ちなみに,慣用表現に the man [woman] in [on] the street があります。これは,an ordinary person「普通の人」つまり「世間一般の人」「一般市民」「平均的な人」の意味で用いられます。例えば,Almost none of the politicians care how the man in the street lives. (ほとんどどの政治家も世間一般の人がどのように生活をしているか気にとめていない),The man in the street has little interest in philosophy. (普通の人はほとんど哲学に興味などもっていません) のように使われます。

33 with と in

> (a) The mother wrapped her baby **with** a soft towel.
> (b) The mother wrapped her baby **in** a soft towel.

(a)の with a soft towel と(b)の in a soft towel の違いは，(a)ではタオルは「道具」扱いされているのに対し，(b)ではタオルは「場所」扱いされているところです。面白いのは，赤ん坊が動いたか，それともタオルが動いたか，という視点の違いがあるということです。つまり，(a)は，お母さんがタオルを動かして赤ん坊をくるんだ状況を描写していますが，(b)は，お母さんが赤ん坊を動かしてタオルにくるんだ状況を描写している，という違いが存在するということです。「道具」を表す名詞は必ず動くのに対し，「場所」を表す名詞は，位置，起点，着点，経路，方向などの違いを問わず，決して「動かないもの」としてとらえられると言われています。つまり，「道具」は行為を行なう人の手足として，あるいは代役として働くからこそ動きますが，場所を表す名詞は別のものを位置づけるよりどころとして働くから動かない，ということです。

関連表現：

(c) You should write **with** a pen.
(d) You should write **in** pen.

いずれの文も，日本語に訳すと「ペンで書くべきです」となりますが，(c)は，例えば，今聞き手の You は鉛筆を使っており，ペンを使うように話し手がアドバイスする状況で用いられます。一方，(d)は，聞き手の You がまだどのような筆記用具も手にしていない場面でふさわしいです。

34 out と off

(a) Sally cleaned **out** her desk.
(b) Sally cleaned **off** her desk.

(a) は、「サリーが机の中をかたづけてきれいにした」状況を表します。一方、(b) は、「サリーが机の上をかたづけてきれいにした」状況を表します。すなわち、(a) の out は、「立体感のあるものの中から外へ」を意味しますが、それに対して (b) の off は、「あるものの表面から離れた状態へ」ということを意味します。

関連表現:
(c) His forgetting her birthday again really put her **out**.
(d) His flattery put her **off**.

out と off を put と結びつけて、比喩的な表現が可能です。(c) と (d) ともに人の気持ちを表しています。(c) は、「彼がまた彼女の誕生日を忘れたことが彼女の普通の機嫌の状態から別の機嫌の状態へと移行させた」ことが言い表されています。つまり、「彼がまた彼女の誕生日を忘れたので彼女は腹を立てた」と訳すことができるでしょう。この文では、out が使われていますから、彼女の普通の気分を全く違った気分にさせたことが表現されています。それに対して、(d) では off が使われており、彼女の機嫌が普段の機嫌から「はずれた」ニュアンスがあり、out ほど強くは、普通の機嫌から別の機嫌への変化は感じられません。したがって、(d) は、「彼女は彼のお世辞に不快感を覚えた」ことが言い表されている感じとなります。意訳としては、「彼女は彼のお世辞が鼻についた」「彼女は彼のお世辞にうんざりした」などが考えられるでしょう。

ちなみに、She is off today. は「今日は彼女は (会社を) 休んでいます」を意味し、She is out today. は「今日は彼女は (会社から) 外に出ています」、つまり「外出中」であることを意味します。

35 in と for

(a) Tom read the book **in** an hour.
(b) Tom read the book **for** an hour.

(a) と (b) の違いは，in an hour と for an hour の違いということになりますが，(a) のように in an hour が使われると，「読み終えた」ことが含意されます。一方，(b) のように for an hour が使われると，「読み終えていない」ことが強く含意されます。

関連表現：

(c) Have you read the report **yet**?
(d) Have you **already** read the report?

(c) は純粋に報告書を読んだか読んでいないかをたずねる疑問文ですが，(d) は「もう読んでしまったの，はやいですね」というニュアンスを伴います。つまり，(d) は「驚き」を表す文として機能します。このように，副詞 yet と already が使い分けられます。

ちなみに，Haven't you read the report yet? の否定疑問文が用いられると，話し手の相手に対する「いらだち」が感じられます。

注） 実際，in an hour のような「in ＋時間」表現はあいまいな表現です。例えば，I'll write the report in three weeks. には 2 通りの意味解釈が可能です。in three weeks の一つの読みは「3 週間で」であり，もう一つの読みは「3 週間してから」です。したがって，最初の解釈では「私は報告書を 3 週間で書くつもりです」となり，後の解釈では「私は 3 週間してから報告書を書くつもりです」となるわけです。(73 ページの第 2 章 **10** 参照)

36 「pity ＋人」と「have pity on ＋人」

(a) Teresa **pitied** them.
(b) Teresa **had pity on** them.

(a) は「テレサが彼らを憐れんだこと」を描写しているだけですが，(b) は「テレサは彼らを憐れんだだけではなく彼らのために何かをした」という動的な意味合いを含意すると言われています。

類似表現：

(c) He **drank** my beer.
(d) He **had a drink of** my beer.

(e) She **lay down**.
(f) She **had a lie down**.

(g) I **swam**.
(h) I **had a swim**.

(c) は「彼は私のビールを全部飲んでしまった」を意味し，(d) は「彼は私のビールを部分的に飲んだ」を意味します。つまり，He drank only part of it. を意味するわけです。

(e) は「彼女は横になった」を意味しますが，例えば，医者に体をチェックしてもらう目的で横になったことを示唆します。一方，(f) は明確な目的があるわけではなく，ちょっと休憩するために彼女が横になった様子を表します。

(g) I swam. と (h) I had a swim. の違いは，(g) では泳ぐ行為が長時間に渡る可能性を排除しませんが，(h) では「（ちょっと）一泳ぎした」ことが述べられています。このような「have ＋ a ＋（動詞から派生した）名詞」の構文は長時間の活動を表すのに適さないわけです。したがって，I swam for hours on end. と言えても，*I had a swim for hours on end. とは言えません。

37　have a laugh と give a laugh

(a) Sally **had a laugh**.
(b) Sally **gave a laugh**.

　(a) と (b) の違いは，have a laugh と give a laugh の違いということになりますが，(a) のように have タイプは repeated action，つまり「繰り返しの行為」を表し，(b) のような give タイプは single action，つまり「一度きりの行為」あるいは「瞬間的な行為」を表します。したがって，(a) は「サリーは（ある一定の間）笑った」ことを，一方，(b) は「サリーが（一度，ハハッと）笑った」ことを言い表していることになります。

類似表現：

(c) She **had a cry**.
(d) She **gave a cry**.

(e) Mary **had a pull** of the rope.
(f) Mary **gave a pull** of the rope.

　(c) は「泣きに泣いた」ことを表していて，ある一定の時間「泣く」行為が続いたことを暗示していますが，(d) は「一度すすり泣いた」ことを述べています。また，(e) は「ロープを 2, 3 分引っぱる行為を繰り返した」様子を表し，(f) は「ロープを一度引っぱっただけ」であることを言い表しています。

ポイント：

　have ＋ a ＋（動詞から派生した）名詞：「一定の時間の行為」や「繰り返しの行為」を表す。
　give ＋ a ＋（動詞から派生した）名詞：「一度きりの行為」や「瞬間的な行為」を表す。

38 「have 構文」と「give 構文」

(a) Rose **had** a look at Richard through the window.
(b) Rose **gave** Richard a look through the window.

(a) は，ある一定の間ローズがリチャードを見ていたことを表しますが，リチャードがローズに見られていたことに気付いていたかどうかについては neutral，すなわち，見られていたことに気付いていたとする解釈と気付いていなかったとする解釈の両方を許します。しかし，(b) は，リチャードがローズに見られているのに気付いていたという解釈のみを許します。動詞 give は「与える」がその基本的かつ中心的な意味であり，もし A さんが B さんに何かを与えたとすれば，当然その行為は与えられた B さんにとって覚えのある出来事であるはずです。また，「与える」行為は，普通は与える側の A さんが何かを B さんに意図的に与えますから，目的語に当たる B さんは何らかの影響を受けることになります。(b) に対して，ローズは，例えば，「愛情」「憎悪」「警告」「誘い」などの言外の意味をリチャードに与えているという読みが成立するわけです。

類似表現：

(c) She **had** a stroke of it.
(d) She **gave** it a stroke.

(c) も (d) も日本語に訳すと，「彼女はそれを撫でた」となりますが，「それ」に当たる対象物は，(c) のように have が使われている場合，「毛皮のコート」のような無生物が考えられます。また，(d) のように give が使われている場合は，「それ」に当たる対象物は「猫」のような生き物が考えられます。上の解説で見たように，give を用いることで，目的語である対象物に何らかの影響を与える（例えば，猫に対して愛情を注ぐ）ことが含意されますから，対象物は生き物である猫がふさわしいということになります。

39 「be 受動文」と「get 受動文」

(a) Sam **was hit** by a car.
(b) Sam **got hit** by a car.

　(a)，(b) ともに「サムは車にはねられた」を意味しますが，(a) は普通の受動文で，客観的に出来事を述べている感じがします。一方，(b) は「get 受動文」と呼ばれるもので，「主語の責任性」を含意する表現であると言われています。つまり，起こった出来事の原因は主語の方にもあったと話し手が思っている場合には，get 受動文が使われるということです。つまり，「しなくてもいいことをわざわざするから，こんなことになったのだ」という気持ちが含まれているというわけです。また，get 受動文の主語は「人間」が圧倒的に多いのですが，「物」が主語になることも珍しくはありません。例えば，Jane's bike got stolen. のような get 受動文の場合，「責任」はもちろん bike にではなく，Jane にあると解釈されます。例えば，Jane が不注意だったから彼女の自転車が盗まれるようなことになった，という感じがあるわけです。もちろん，悪い事態ばかりが get 受動文で言い表されるわけではありません。He got promoted. のような表現では，主語の努力，頑張りが感じとれます。get 受動文は，「get + oneself + 過去分詞」から派生したのではないかと考えられます。つまり，He got promoted. のもともとの形は，He got himself promoted. で，ここから himself が何らかの理由で省略されて He got promoted. になったという仮説が成立するかもしれません。

類似表現：

(c) Sam **was fired**.
(d) Sam **got fired**.

　(c) はサムが首になったことを単に伝えているだけですが，(d) は，首になったのはサムにも何か非があったことを含意しています。

40 「受動文」と「能動文」

> (a) John **is believed** to be honest.
> (b) I **believe** John to be honest.

(a) は「ジョンは正直だと思われている」を意味し，他方，(b) は「私はジョンを正直だと思う」を意味します。(a) と (b) はほぼ同じ内容を伝えているのですが，(a) のような受動文のパターンを使って，話し手は，他の人達の意見に言及しています。つまり，文が表す内容に関して，話し手自身は関与していないことが含意されるというわけです。他方，(b) のようなパターンを用いることにより，話し手（ここでは文の主語である I）は，自分自身の個人的な考えを表明しています。

類似表現：

(c) I **know** Paul **to be** an atheist.
(d)?I **know** Tokyo **to be** the capital of Japan. (? は容認度が低いという意味)

上で見た (b) の例からすぐに察しがつくように，(c) も，話し手が事実の陳述をしているというよりもむしろ，話し手の判断が表明されている文として見るほうが妥当でしょう。I know X to be Y 型の文は，文主語の判断を表明するのに用いられると考えれば，この種の文は，(d) が示すように一般的な知識として確立している内容を表すにはふさわしくないことも頷けます。しかし，(c) では，あくまでも文主語の個人的な判断が述べられていますから，全く問題のない文となっています。ただし，筆者が尋ねたネイティブスピーカーの中には，(d) は全く問題のない文であり，I know Tokyo is the capital of Japan. と比べて formal な感じがすると述べた人もいることを言い添えておきます。

第 1 章 類似表現について考える

41 「I hope + (that) 節」と「文中に I hope が挿入されている文」

> (a) **I hope (that)** he will come tomorrow.
> (b) He will, **I hope**, come tomorrow.

(a) のように I hope が文頭に立っている文は，単に希望を述べているだけですが，(b) のように I hope が文中に挿入されている文は，彼はほぼ間違いなくやって来るだろうと聞き手に推測させる機能を持っています。I hope が文中に挿入されている (b) のようなパターンの文では，I hope は付け足し的な要素になっていて，I hope 以外の要素がまさに「主要な文の要素」となっているのです。

類似表現：
(c) **This man complains that** he has been overcharged by 6 dollars.
(d) This man has, **he complains**, been overcharged by 6 dollars.

上のペアの例文は，ある店の店員が店長に言っている文であると仮定してみましょう。(c) と (d) のいずれもが，「この方が 6 ドル料金を多く払わされたと苦情を言われています」と日本語に訳せます。しかし，(c) は，単に this man が苦情を言っていることをそのまま伝えているだけですが，(d) には，話し手，つまり店員が this man が訴えていることを「真」であると思っているという含意があります。

ポイント：
I hope のような要素が文頭に置かれている場合，それは that 節の内容を単に導入する働きをするだけだが，それが文中や文末に置かれると，that 節の内容に関する話し手の「断定的な心的態度」が表明される。

42　I think ... not ... と I don't think ...

(a) **I think** George will **not** come.
(b) **I don't think** George will come.

(a) では，否定辞 not が come の隣にあるので否定の意味が強くなっていますが，(b) では，not が come から遠いので否定の意味が弱くなります。会話では，同じ内容を表すにしても否定の意味が弱い方が好まれます。つまり，(b) 型のほうが丁寧な響きがする文だということです。

日常会話で，I don't think が I think ... not のパターンより多用される傾向がある理由は，前者のパターンの方が柔らかい感じを出すからです。つまり，控えめで丁寧な印象を相手に与えるので，I don't think の方が，多用されるわけです。

類似表現：

(c) She's **unhappy**.
(d) She's **not happy**.

(e) He **is likely not** to be ready.
(f) He **isn't likely** to be ready.

(c) では否定辞の un- が happy とくっついていて一語を形成していますから，「彼女は不幸だ」の日本語に相当し，否定の意味が強いです。一方，(d) では，not と happy は一語ではなく隣接しており，「彼女は幸せではない」の日本語が対応し，こちらの方が否定の意味が弱いことになります。

(e) では not が to be ready の直前に来ているので (f) に比べて否定の意味が強いです。一方，(f) は not と to be ready が likely をはさんで離れていますから，否定の意味が (e) よりも弱いです。したがって，(e) は「彼は用意ができていないようだ」を意味し，(f) は「彼は用意ができているようではない」を意味することになります。

43 「Here comes ＋名詞」と「名詞＋ comes here」

(a) **Here comes** Paul.
(b) Paul **comes here**.

　(a) では単純現在時制の comes が使われていますが，これは「ほらポールがやって来ます」という発話時の瞬間的な行為を述べた文です。一方，(b) も (a) と同じように単純現在時制の comes が用いられていますが，この文は，現在の事実あるいは現在の習慣を表し，「ポールはここに来ています」を意味します。文末に，例えば every Saturday のような表現を補うと意味が鮮明になるでしょう。

　(a) の here は聞き手に注意を促す効果を持っていますが，(b) の here は単に場所に言及しているに過ぎません。したがって，次のように文末に around the corner を置くと，容認性に違いが出ます。

(a′)　Here comes Paul around the corner.
(b′)*Paul comes here around the corner.

関連表現：

　here を含むいくつかの表現を見ておきましょう。例えば，Here comes the bus.（ほらバスがやって来た），Here! What are you doing?（おい，何やってんだ），Here it is!（さあここにあるよ／さあこれあげるよ），Here we are.（さあ着いた／さあどうぞ），Here you are.（はい／これ／これをどうぞ／いいかね／考えてごらん），Look here!（なあ／おい／あのね）などがあります。

　ついでに，there を含むいくつかの表現も確認しておきましょう。There goes the bell.（ほら鐘が鳴る），There goes Paul.（ほらポールが行く），There you go.（ほらまた（いつものことを）やり［言い］出した／その調子，その意気／（予想どおり）ほらね，どうだい），There you go again—jumping to conclusions.（ほらまた早合点している），などの表現があります。

44 「分詞構文」と「現在進行形」

(a) She is there **dancing**.
(b) She **is dancing** there.

　(a) と (b) の dancing はいずれも現在分詞ですが，(a) の dancing は分詞構文の dancing であり，(b) の dancing は現在進行形の dancing であるところに両者の違いがあります。すなわち，(a) は「彼女は踊りながらあそこにいる」を，また，(b) は「彼女はあそこで踊っている」をそれぞれ意味します。

関連表現：

　here や there，あるいは this や that などの表現が一緒に使われると，よく知られているように，英語ではまず「近い」ことを表す単語が最初に使われ，here and there や this and that のように表現されます。これとは逆に，日本語ではまず「遠い」ことを表す単語が最初に使われ，「あちらこちら」「あれこれ」のように表現されるわけですが，このような関係は日本語と英語の「鏡像関係」と呼ばれることがあります。

　ちなみに，a dancing girl の dancing を現在分詞あるいは動名詞として解釈することにより，意味が変わります。現在分詞として解釈した場合は，a girl performing the act of dancing（踊っている少女）を意味し，動名詞として解釈した場合は，a girl whose profession is dancing（踊り子）を意味します。このように，a dancing girl は外見上は区別がつきません。区別は音調によってなされます。つまり，現在分詞を含む a dancing girl では，dancing と girl の両方に強勢が置かれ，動名詞の場合は，dancing にのみ強勢が置かれます。

45 「There 存在文」と「はだか存在文」

(a) There are books out of stock.
(b) Books are out of stock.

(b) に対して，Books are generally out of stock.（本というものは概して在庫切れするものだ）のような総称的な意味解釈と，Some books are out of stock.（在庫切れしている本がある）のような「存在」を表す意味解釈の両方が可能です。しかし，(a) には，後者の「存在」の意味解釈しか許されません。

類似表現：
(c) There is a mouse in the kitchen.
(d) A mouse is in the kitchen.

(c) と (d) はほとんど意味に違いはなく，いずれも台所にねずみが存在することを述べているのですが，(c) の there 存在文は状態表現で静的ですが，(d) のはだか存在文は動作表現で動的であるという違いがあります。(d) のようなはだか存在文が用いられると，ねずみが何かをしでかす可能性を聞き手に警告しているような感じがします。なお，(d) のようなはだか存在文は，何がしかの存在物を生き生きと聞き手に提示する効果をもたらし，聞き手に「警告」「注意」「驚き」「意外性」などの言外の意味を強く伝える機能を持っています。

注） 一般的に there + be + [　　] の構文における be 動詞は「存在」を表すことが多いですが，時として，「出現」の意味で用いられることもあるので注意が必要です。例えば，There was a big crack and the house was gone above us.（大きな裂け目が出き，そして家が私たちの頭上から姿を消したのです）のような文では，be が appear に近い意味で使われています。（この例は，ものすごい竜巻で家が吹き飛ばされた様子が語られているタイム誌の記事の一文です。）

46 「There 構文」と「It 構文」

> (a) "What's for dinner?" "**There**'s soup and bread."
> (b) "What's for dinner?" "**It**'s soup and bread."

there 構文の (a) では，夕食に「スープとパン」以外にも何かが出てくる可能性が含意されているのに対して，it 構文の (b) では，「スープとパン」だけであることが述べられています。

すなわち，there 構文が用いられると，述べられている項目以外にも何かが存在する可能性を示唆するわけですが，他方，it 構文が用いられると，構文の中で述べられる項目以外に何か別の項目が存在するという可能性は閉め出されてしまいます。

類似表現：

> (c) "Who might be able to help?" "**There**'s Tom you could try."
> (d) "Who might be able to help?" "**It**'s Tom you could try."

(c) では，当たってみる人物はトム以外にもいる可能性を示唆していますが，一方，(d) においては，当たってみることができる人物はトムだけであり，ほかにはいないということが含意されています。

(e) **There**'s John and Paul that broke the window.
(f) **It**'s John and Paul that broke the window.

(e) と (f) は，上の各ペアの文とはタイプが違いますが，there 構文が用いられている (e) では，窓を割った人物はジョンとポール以外にもいる可能性を示唆しており，it が用いられている強調構文の (f) では，窓を割った人物はジョンとポールに限られているという点においては，上の各ペアの文と共通しています。

47 「他動詞+人+前置詞+体の部分」と「他動詞+~'s 体の部分」

(a) John hit Paul on the head.
(b) John hit Paul's head.

　日本語の「ジョンはポールの頭を殴った」は，(b) の文と平行していますが，むしろ英語では (a) の文がよく用いられます。英語では, (a) の「他動詞+人+前置詞+体の部分」と (b) の「他動詞+ ~'s 体の部分」の二つのタイプがあるわけですが，両者には微妙なニュアンスの違いがあります。すなわち，(a) タイプの文は，直接目的語である「人」そのものに物理的にだけでなく心理的にも「影響」を与える印象を与えます。一方，(b) タイプの文は単に「体の一部」にのみ注意が注がれていることを表します。要するに，単なる体の接触を表すだけなら (b) タイプ，そして体の接触を通して相手に物理的・心理的な影響力を与えることを暗示するのが (a) タイプとなります。

類似表現：

(c) John hit him on the nose / jaw / ear.
(d) John hit his nose / jaw / ear.

(e) John kissed her on the cheek / hand.
(f) John kissed her cheek / hand.

　上の各ペアの文に関しても，上の (a) と (b) の違いと同様の解説が適用されます。

ポイント：

　「他動詞+ ~'s 体の部分」型は，他動詞が目的語である人に与える影響は目的語の体の部分だけに及ぶという解釈を与えるが，「他動詞+目的語(人)+前置詞+体の部分」型は，他動詞が与える影響は目的語である人の体の一部にとどまらず，人物全体に及ぶ解釈を与える。

48 「所有格＋動名詞」と「目的格＋動名詞」

(a) I hate that **man's** watching Sally.
(b) I hate that **man** watching Sally.

(a) は，I hate the fact of that man's watching Sally. を意味します。つまり，男がサリーを見ているという事実が気に入らないということであり，男そのものが嫌いだという含意はありません。それに対して，(b) は，少し説明的になりますが，I hate a particular man, whose identity is specified to the hearer by the fact that he is watching Sally. ということを表しており，話し手は，男がサリーを見ていることとは関係なく，もとから男のことが嫌いだという含意があります。

類似表現：
(c) John is angry at **Mary's** getting married.
(d) John is angry at **Mary** getting married.

(c) では，「メアリーが結婚することに対してジョンが腹を立てている」状況が表されており，一方，(d) では，「ジョンは単にメアリーに対して腹を立てているのであり，彼女が結婚することに腹を立てているわけではない」ということが表現されています。

注) (c) が表す内容は，John is angry at Mary for getting married. のように，for を入れて理由を表す文を採用した方が意味がはっきりとします。また，上のようなパターンの文では，所有格(属格)が用いられている場合は形式ばった表現であり，目的格が用いられている場合はくだけた表現であると説明している学者もいます。実際，例えば，If you don't mind my asking, ... と If you don't mind me asking, ... の違いをネイティブチェックすると，前者の方が形式ばった表現で，後者の方がくだけた表現であるという回答が得られました。

49 「代名詞」と「再帰代名詞」

> (a) Ted strung the rope around **him**.
> (b) Ted strung the rope around **himself**.

　(a) は，四方に棒を立ててロープを張りめぐらせ，その中にテッドが入っている状況を表します。一方，(b) は，テッドがロープで自分の体を縛ったことを意味します。

関連表現：

> (c) Mary hid the bag behind **her**.
> (d) Mary hid the bag behind **herself**.
>
> (e) He pulled the blanket over **him**.
> (f) He pulled the blanket over **himself**.

　(c) と (d) の違いは前置詞 behind の後の代名詞と再帰代名詞の違いだけですが，(c) はバッグとメアリーとは接触していないことを，一方，(d) ではバッグとメアリーが接触していることを含意します。例えば，(c) は，バッグが置いてあるテーブルの前にメアリーが立って，バッグを人に見えないようにしているような場面の描写に，一方，(d) は，バッグを自分の背中の後ろに隠して人に見えないようにしているような場面の描写にそれぞれふさわしいとされています。また，(e) と (f) に関しては，(f) は，彼が自分の体をすっぽりと毛布でおおったような状況描写に適していますが，(e) は，彼が自分の体を部分的に毛布でおおったような状況描写に適しています。

ポイント：

　再帰代名詞が用いられるのは，それが文によって表される行為の直接的な受け手あるいは対象になっている場合に限られる。

50　sit yourself down と sit down

(a) Just sit **yourself** down here.
(b) Just sit down here.

　(a), (b) ともに「ここに座ってください」と相手に言っている文ですが，両者には次のような違いがあるとされています。(a) には再帰代名詞の yourself が使われていますが，このように再帰代名詞が使われた文の方が打ち解けた親しみのある表現であると言われています。一方，(b) は普通の言い回しということになります。

類似表現：

(c) Mary sat **herself** down.
(d) Mary **herself** sat down.

　(c) では，単に「メアリーが座った」ことが表現されています。一方，(d) における herself は「強調」あるいは「強意」の再帰代名詞であり，「メアリーみずから座った」「メアリー自身が座った」ことを言い表します。(d) では，再帰代名詞に強勢が置かれます。

関連表現：

　例えば，「ドアがひとりでに閉まった」を英語にすると，The door shut by itself. のように by itself が用いられます。of itself が用いられると説明する文法書などがありますが，少なくとも現在のアメリカ英語では *The door shut of itself. のような表現は使われていないようです。ついでに，in oneself は「本質的に」「〜自体」を意味し，例えば，Competition is good in itself.（競争は本質的にはよいことだ），あるいは That's not a problem in itself.（そのことはそれ自体が問題ではない）のように使われます。また, for oneself は「独力で」を意味することはよく知られていると思います。

51 begin the car と star the car

(a) Richard **began the car**.
(b) Richard **started the car**.

「begin＋名詞」タイプでは，概して，成し遂げるのに時間を要す行為を表す名詞，また，その結果生まれてくるものを表す名詞が使われます。したがって，(a)は「リチャードが自動車を作り始めた」ことを意味します。(b)は「自動車をスタートさせた」こと，すなわち「動かした」ことを表します。また，(a)に関しては，begin の後に to build が省略されていると解釈することができますが，これは，話し手と聞き手との間に共通の知識がある場合ということになります。つまり，(a)が発話される条件として，話し手と聞き手の両方が，リチャードが車を作ることを生業にしているとか，車を作ることにマニアックな人であるとかいう知識を共有していなければならないということです。同様に，例えば，Richard began the book. のような文についても，話し手と聞き手の共有する知識次第で，Richard began to write the book. あるいは Richard began to read the book. のいずれかに解釈されることになります。

注) 名詞の beginning と start にも微妙な違いがあり，beginning は the first part に，また starting は the moment before the first part に言及すると言われています。したがって，例えば The beginning of the film was dull. とは言えても，*The starting of the film was dull. とは言えません。さらに start は「時間」に，一方，begin は「場所」に言及する傾向があり，例えば，The race started at 3 o'clock. や The race began at San Jose. のように使われます。また，a starting time や a starting point のような表現は可能ですが，*a beginning time や *a beginning point のような表現は許されません。

52 have と own

(a) Richard **has** that car.
(b) Richard **owns** that car.

　両者の違いは，has と own の違いということになりますが，車を指差しながら「リチャードはあの車を持っているんですよ」と言う場合は，(b) の own を含む表現が適切であり，車を目の前にしていない場面では，(a) のように has が用いられます。ちなみに，possess も「所有」を表す動詞で have と交換可能ですが，possess を用いると，主語名詞が，あるものを所有していることに得意で満足していることを含意すると言われています。例えば，Richard possesses a fine new sports car. のように表現されます。

　have は「所有関係」をすべてカバーすることができる便利な動詞ですが，own は購入・投資で手に入れたものについて言う場合に使われます。また，possess は，例えば，家，車，あるいはボートのような高価で貴重なものを所有していることを表すのに用いられます。あるいは，誰でも持っているようなものを持っていない場合に用いられることもあり，例えば，She doesn't even possess a handbag. （彼女はハンドバッグすら持っていない）のように表現されます。

　文法の話になりますが，普通は，所有を表す have は受動態にすることができませんが，同じ所有を表す own は受動態にすることができます。例えば，John has three brothers. とは言っても，*Three brothers are had by John. のようには言うことができません。しかし，Her grandfather owned three yachts. は受動態の文 Three yachts were owned by her grandfather. にすることができます。possess が受動態の形で用いられる場合は，「とりつかれている」状態を表します。例えば，She was possessed by an evil spirit. （彼女は悪霊にとりつかれていた）のように表現されます。

53 「動詞＋that 節」と「動詞＋ ~ing」

> (a) I heard that Ron had slapped Kate.
> (b) I heard Ron('s) slapping Kate.

(a) では，that 節が使われることで「間接性」が含意されます。つまり，(a) は，「私は人づてにロンがケイトに平手打ちをしたことを聞いた」ことを表しています。一方，(b) のように，「知覚動詞＋目的語＋ ~ing」のパターンは主語の「直接的な観察」を表します。つまり，話し手である I が，「自分の耳でロンがケイトを平手打ちしたことを聞いた」場合に，(b) の型が用いられるということです。

類似表現：

> (c) She thought that John would apply for mortgage.
> (d) She thought of John('s) applying for mortgage.

(c) は，単に「彼女はジョンが住宅ローンを申し込むだろうと思っている」こと，つまり，彼女の「思い」を述べています。それに対して，(d) には，「彼女はジョンが実際に住宅ローンの申し込みを始めていると思った」という含意があります。すなわち，例えば，ジョンが銀行に電話で問い合わせをしているとか，申し込み用紙に必要事項を記入しているとか，すでに住宅ローンの申し込みの体勢に入っているという感じが (d) にはあるということになります。

注） that 節や ~ing に続く要素にも文の主語と同一の主語が現れている場合には，~ing から始まるパターンの方が好まれると言われています。例えば，I regret not saying so. と I regret that I didn't say so. はいずれも「私はそのように言わなかったことを後悔している」ことを言い表していますが，~ing の方が好んで使われることが多いようです。

54 「that +(should)+動詞の原形」と「that +直説法の動詞」

(a) Paul insisted **that she (should) resign**.
(b) Paul insisted **that she resigned**.

that 節の内容が，(a) と (b) では違うことを確認しておきましょう。一つのポイントとして言えることは，動詞の形についてです。that 節内の動詞が過去形あるいは現在形で現れている場合は，「事実」が述べられているとしてよいでしょう。一方，that 節内の動詞の形が仮定法現在のような場合，つまり，3人称単数であってもsがつかない形であったり，法助動詞のshould とともに使われるような場合は，that 節の内容が「義務」や「責任」を表すということです。したがって，(a) の insisted は required に意味が近く，「ポールは彼女が辞めるべきであると強く主張した」を意味します。そして，(b) の insisted は asserted に意味が近く，「ポールは彼女が辞めた事実を主張した」を意味します。

ここで一般化した述べ方をすると，that 節の中で直説法の動詞が使われている場合は，「事実」の陳述がなされており，一方，仮定法の動詞が使われている場合は，「提案」が述べられているということになるでしょう。

類似表現：

(c) It's a good thing **that she (should) recognize** her faults.
(d) It's a good thing **that she recognizes** her faults.

(c) は，It's a good thing for her to recognize her faults. に意味的に近く，「彼女が自分の欠点を認めることがこれから起こるとすれば，それはよいことである」ことが述べられており，現時点では，彼女はまだ自分の欠点を認めていないことが言い表されています。他方, (d) では，「事実として彼女が自分の欠点を認めていることはいいことである」ことが述べられています。

55 「文頭の副詞」と「文末の副詞」

(a) **Stupidly** Paul started the car.
(b) Paul started the car **stupidly**.

副詞 stupidly の位置が文頭に来ている (a) は,「ポールがその車をスタートさせるなんて馬鹿げたことをした」を意味します。つまり, (a) は, Paul was stupid to start the car. や It was stupid of Paul to start the car. に意味的に対応することになります。それに対して, 副詞 stupidly が文末に来ている (b) は, 意味的に, The way he started the car was stupid. に対応します。したがって, (b) は「ポールの車のスタートのさせ方が馬鹿げていた」, あるいは「ポールは馬鹿げた車のスタートのさせ方をした」ことを意味します。つまり, stupidly は started the car を修飾しているわけです。

関連表現:

(c) **Slowly** everyone came into the hall.
(d) Everyone came into the hall **slowly**.

副詞 slowly の位置が文頭にある (c) では, slowly は, 誰かがホールに入り始めてから残りの人達がすべて入るまでの出来事全体を修飾しています。つまり, (c) は出来事全体が時間的にゆっくりとしていたことを表すということです。したがって, たとえそれぞれの人が急いでホールの中に入っていったとしても, (c) は問題のない文として成立します。一方, (d) はそれぞれの人達がゆっくりとホールの中に入っていった様子を描写しています。つまり, slowly が came into the hall を修飾しているというわけです。このように, 同じ副詞が使われていても文頭に来る場合と文末に来る場合とで意味的に違いが生じます。

56 「文頭の because」と「文中の because」

(a) **Because** it cost $100 he didn't buy it.
(b) He didn't buy it **because** it cost $100.

(a) は,「それが 100 ドルしたから彼はそれを買わなかった」ことを言い表しています。つまり,(a) は,The $100 price caused him not to buy it. を意味するわけです。したがって,(a) のように,理由を表す because 節が文頭に立っている場合は,そのままストレートに文頭から「～だから...」と日本語に訳していくことができます。一方,(b) はあいまい文であり,(a) と同じ意味解釈に加えて,もう一つの解釈が可能です。すなわち,この文には,He did buy it for some other reason. ということが含意されているとする解釈が可能ということです。つまり,「彼はそれを買ったが,その理由はそれが 100 ドルしたからではなくて何か他の理由があってのことであった」というような解釈が成り立つということです。したがって,(b) に対して,「彼はそれが 100 ドルしたので買わなかった」と「彼はそれを買ったがその理由はそれが 100 ドルしたからではない」の 2 通りの意味解釈が可能であるということになります。以上のことから,(a) は He did not buy it because it cost $100. に,また,(b) の後者の解釈では,(b) は He did buy it not because it cost $100. に相当することになります。

類似表現:

(c) **Because** he is rich I don't love him.
(d) I don't love him **because** he is rich.

このペアの違いについても,上の (a) と (b) の違いに関する説明と同様の説明が可能です。

注) 第 2 章の **8**(71 ページ)を参照。

57 「文末に動詞を持たない比較文」と「文末に動詞を持つ比較文」

> (a) Tom has more money than the ABC bank.
> (b) Tom has more money than the ABC bank **has**.

 (a) と (b) との違いは，(b) では文末に動詞 has がありますが，(a) にはない，というところだけです。どちらの文を日本語に訳しても，「トムは ABC 銀行よりも多くのお金を持っている」となりますが，文末に動詞 has が生起していない (a) のような文は，誇張表現（hyperbole）として用いられ，文末に動詞 has が用いられている (b) のような文は，文字通り（literally）の意味で用いられると言われています。つまり，(a) はトムが巨万の富を持つ大金持ちであることをおおげさに述べており，他方，(b) はトムが実際に ABC 銀行よりも多くのお金を所有していることを言い表しているわけです。

類似表現：

> (c) John runs as fast as a deer.
> (d) John runs as fast as a deer **runs**.
>
> (e) Mary is bigger than a house.
> (f) Mary is bigger than a house **is**.

 (c) と (d) に関しては，前者には文末に動詞がなく，後者には as 節に動詞があるところだけが両者の違いです。文末に動詞が生起していない (c) は誇張表現の文であり，as 節に動詞が生起している (d) は，文字通りの陳述として機能しています。(e) と (f) に関しても，同様の説明を適用することができます。

ポイント：

比較文において，文末に動詞がなければ「誇張表現」の解釈がなされ，動詞があれば，「文字通り」の解釈がなされる。

58 forget と forget about

(a) Don't **forget** the camera.
(b) Don't **forget about** the camera.

forget は,「～(の存在)を忘れる」を意味し,forget about は,「～にまつわる何かを忘れる」を意味します。(a) は,「カメラを持って来るのを忘れないで」と解釈され,(b) は,例えば,「カメラを使うことを指示したことを忘れないで」と,カメラにまつわる何かについて忘れないようにと述べている文です。

類似表現：

(c) Don't **forget** him.
(d) Don't **forget about** him.

いずれの文も「彼のことを忘れないで」と日本語に訳されますが,(c) は,「彼の存在そのものを忘れないで」と言っており,(d) は,例えば,近々に結婚披露パーティーが開かれるような場合に,招待する人のリストに彼を忘れずに入れておくように指示あるいは要請しているような文であると解されます。

関連表現：

forget it という表現は成句化しており,例えば,"Sorry about last night." "Forget it."(「昨日の夜はすみませんでした」「気にしないで」)のようなやりとりのように,謝罪に対して「どういたしまして」「気にしないで」という感じで使われたり,"Beg your pardon?" "Oh, nothing. Just forget it."(「何て言ったの？」「いやいや。何でもないよ」)のようなやりとりのように,相手が聞き返したことに対して「いや何でもないよ」という感じで使われたりします。

59 「not＋副詞」と「副詞＋not」

(a) Sally is **not always** free on Sundays.
(b) Sally is **always not** free on Sundays.

(a) は「日曜日はいつでもサリーは暇だというわけではない」ことを言い表しており，一方，(b) は「サリーはいつも日曜日は暇ではない」ことを言い表しています。つまり，(a) はいわゆる部分否定の例で，not always は「いつも〜であるとは限らない」を意味するわけです。それに対して，always が not に先行している (b) は全体否定の例で，この場合は「いつも〜ない」の意味を表すわけです。

類似表現：

(c) The rich are **not necessarily** happy.
(d) The rich are **necessarily not** happy.

(e) This is **not entirely** satisfactory.
(f) This is **entirely not** satisfactory.

(c) は部分否定の例で，「金持ちは必ずしも幸福とは限らない」を意味し，一方，(d) は全体否定の例で，「金持ちは必然的に幸福ではない」を意味します。

(e) も部分否定の例で，「これですっかり満足がいくというわけではない」を意味しますが，それに対して，(f) は「これはまったく満足のいくものではない」という全体否定を表す文です。

ポイント：

not always (necessarily, entirely, quite, completely, etc.) 型は，部分否定。

always (necessarily, entirely, quite, completely, etc.) not 型は，全体否定。

60 young と youthful

(a) Emily is a **young** mother.
(b) Emily is a **youthful** mother.

(a) は「エミリーは若い母親だ」を, (b) は「エミリーは若々しい母親だ」をそれぞれ意味します。young は「若い」という意味の一般的な形容詞であり, 一方, youthful はよい意味で「(人が)若々しい」ことを言い表す形容詞です。

例えば,「彼女は年のわりには若く見える」は, She looks young for her age. のように言いますし,「彼女はどのようにして(見た目の)若々しさを保っているのだろう」は, I wonder how she keeps her youthful appearance. のように表現されます。

ちなみに,「彼は年より老けて見える」は He looks older than his age. で, また,「彼は年のわりに老けている」は He looks old for his age. で表現されます。

関連表現:

(c) Meg has a **childlike** heart.
(d) It was **childish** of Meg to say that.

(c) は「メグは(子供のように)純真な心の持ち主だ」を, (d) は「メグがそんなことを言うなんて子供じみていた」を意味します。つまり,「子供らしい」を意味する childlike は, 子供について使われる場合は, 無邪気さや素直さなどで「子供らしい」という良い意味で用いられますし, 大人について言う場合でも, 子供のように「純真な」「素直な」の良い意味で用いられます。それに対して, childish は大人の好ましくない特徴を述べるのに用いられ,「子供っぽい」「おとなげない」を意味します。以上のように, childlike は良い意味で大人の性格や行動が子供のようであることを述べるのに使われ, 他方, childish は大人の言動をけなす場合に用いられるということになります。

第2章

あいまい文を考える

1 for three days のあいまい性

> Tom has been in New York **for three days**.

解釈： (a) トムは，3 日前からニューヨークにいる。
(b) トムは，3 日間ニューヨークにいたことがある。

　Tom has been in New York for three days. には現在完了形の has been が含まれています。has been は「継続」と「経験」の両方の意味をカバーするために，この文にはあいまい性が伴います。「継続」の意味では「トムは 3 日前からニューヨークにいる」と解釈され，「経験」の意味では「トムは 3 日間ニューヨークにいたことがある」と解釈されます。また，for three days を文頭に持って来て For three days Tom has been in New York. と言うと，「経験」の意味だけが維持されます。

関連表現：

　has been と has gone の違いについて確認しておくことにしましょう。例えば，She has been to Hawaii. は「経験」と「完了」を表し，「彼女はハワイに行ったことがある」あるいは「彼女はハワイから帰ってきたところである」ことを意味します。また，for two months や for a couple of weeks のような期間を表す副詞句を伴う場合は，「継続」の意味の解釈も可能であることを上で見ました。一方，She has gone to Hawaii. は「彼女はハワイに行ってしまった」ことを意味し，「だから今はもう彼女はここにはいない」ということを伝えている文ということになります。つまり，この文は，「彼女は今ハワイに向かっている最中」かもしれませんし，「もうハワイに到着してそこにいる」かもしれないということを表しています。これは，標準的な has been と has gone の意味上の違いであり，時として，She has gone to Hawaii. が「経験」の意味で用いられることも皆無ではないことを言い添えておきましょう。

2 to-不定詞のあいまい性

I asked Jim **to attend** the meeting.

解釈： (a) 私はジムに会議に出席するように頼んだ。
(b) 私はジムに会議に出席させてもらうように頼んだ。

(a) の解釈の下では，目的語に当たる Jim が to-不定詞の内容を行なう人物であるととらえられています。他方，(b) の解釈の下では，to-不定詞が表す内容を行なう人物は主語である I であるととらえられています。つまり，I asked Jim to attend the meeting. のタイプの文では，to-不定詞の内容を行なう主体は，動詞の目的語に当たる場合と文主語の場合の 2 通りの解釈が可能というわけです。文法的には，to-不定詞の内容を行なう主体は，コントローラー（controller）と呼ばれています。ちなみに，to-不定詞の意味上の主語が I であることを明確にするためには，例えば，I asked Jim to be allowed to attend the meeting. と言う方法があります。

類例1： He begged the boss **to leave** early.
解釈： (c) 彼は上司に早く帰ってくださいとお願いした。
(d) 彼は上司に早退させてくれるように頼んだ。

ここでも to-不定詞のコントローラーを，the boss とする読みと，文主語の he とする読みのいずれの読みも可能です。

類例2： Nick wants **to replace** the boss.
解釈： (e) ニックは社長を交替させたいと思っている。
(f) ニックは社長に代わって自分が社長になりたいと思っている。

3 not 〜 until のあいまい性

> Paul had**n't** talked **until** lunch was over.

解釈： (a) ポールは昼食が終わった時に話し始めた。
(b) ポールは昼食が終わる前に話を止めた。

肯定文の Paul had talked until lunch was over. は「ポールは昼食が終わるまでしゃべり続けた」のみを意味するのですが、この文を否定文にすると、あいまい性が生じます。つまり、一つの解釈 (a) Paul started talking when lunch was over.（ポールは昼食が終わった時に話し始めた（それまで黙っていた））と、もう一つの解釈 (b) Paul stopped talking some time prior to the time when lunch was over.（ポールは昼食が終わる前に話を止めた）のいずれもが可能ということです。

類例1： We were **not** talking **until** nearly three o'clock.
解釈： (c) 私たちは3時近くになって話し始めた。
(d) 私たちは3時近くになる前に話すのを止めた。

一つの読みは、We started talking at nearly three o'clock. で、これは、「私たちは3時近くになって話し始めた」ことを意味します。そして、もう一つの読みは、We did talk, but stopped before nearly three o'clock. で、「私たちは話をしていたが、3時近くになる前に話すのを止めた」ことを意味します。

類例2： Meg did**n't** sleep **until** five in the morning.
解釈： (e) メグは朝5時まで寝なかった。
(f) メグは朝5時まで寝ていたわけではなかった。

(e) は「メグが朝5時まで起きていた」ことを、一方 (f) は、「メグが朝5時には起きていた」ことをそれぞれ意味することになります。

4 three times のあいまい性

> Meg kicked Mike **three times**.

解釈： (a) メグは(連続して)マイクを三度蹴った。
　　　　(b) メグはマイクを蹴る行為が(これまでに)三度あった。

three times をどのように解釈するかによって，(a) あるいは (b) のいずれかの読みがなされます。つまり，three times を連続的に解するか非連続的に解するかの違いということになります。

類例1： Mike didn't go to vote **four times**.
解釈： (c) マイクは四度投票に行かなかった。
　　　　(d) マイクが投票に行ったのは四度というわけではない。

(c) が優先的な解釈と考えられますが，(d) の解釈も成立します。また，例えば，「マイクは二度だけ投票に行った」というような状況を述べる場合にも，Mike didn't go to vote four times. と言うことができます。

類例2： We didn't live in the apartment **for one year**.
解釈： (e) 私たちはそのアパートに1年間住まなかった。
　　　　(f) 私たちはそのアパートに1年間は住まなかった。

この文に関しても，(f) の解釈も成立するわけで，例えば，8ヶ月は住んだがまる1年は住まなかったような解釈も可能です。
ちなみに，for one year を例えば until 2011 に差し替えても2通りの解釈が可能となりますが，もはや説明をする必要はないでしょう。

5 be broken のあいまい性

The window **was broken**.

解釈： (a) 窓が割られていた。
(b) 窓が割られた。

(a) の解釈の下では，この文は，「～されていた」という状態を表すので「状態受動態」，また，(b) の解釈の下では，「～された」という動作を表すので「動作受動態」と，それぞれ伝統的に呼ばれています。

類例1： When John arrived, the door **was closed**.
解釈： (c) ジョンが到着した時には，ドアは閉められていた。
(d) ジョンが到着した時に，ドアが閉められた。

(c) の解釈の下では，この文は状態受動態で，他方，(d) の解釈の下では動作受動態ということになります。

類例2： They **were married**.
解釈： (e) 彼らは結婚していた。
(f) 彼らは結婚した。

They were married. には (e) と (f) の両方の解釈が可能ですが，この文が用いられている環境次第でいずれかの解釈が決定されます。例えば，I was really surprised to hear that they *were married*. であれば (e) の解釈が，また，They *were married* last month in a church in San Francisco. であれば (f) の解釈が適用されることになります。

もっとも，were married の代わりに got married を用いて，They got married last month in a church in San Francisco. とすると，意味がはっきりするでしょう。

6 can のあいまい性

> She **can** speak Spanish.

解釈： (a) 彼女はスペイン語を話すことができます。（根源的用法）
(b) 彼女はスペイン語を話してもよろしい。（認識的用法）

よく知られているように，can のような助動詞は英文法では法助動詞と呼ばれていて，「〜することができる」と「〜してもよろしい」の両方の意味があります。主語についての記述がなされる用法は「根源的用法」と呼ばれ，話し手の主語に対する心的な態度を表す用法は「認識的用法」と呼ばれています。

類例1： She **must** be reading 'Moby-Dick'.
解釈： (c) 彼女は『白鯨』を読み出していなければならない。（強い義務・必要を表す根源的用法）
(d) 彼女は『白鯨』を読んでいるに違いない。（論理的必然性を表す認識的用法）

類例2： Ted **needn't have written** the report.
解釈： (e) テッドは報告書を書く必要はなかった。（必要性を表す根源的用法）
(f) テッドは報告書を必ずしも書いたとは限らない。（論理的必然性を表す認識的用法）

関連表現：
「法助動詞＋have＋過去分詞」の型は，過去についての話し手の心的態度を表すのに用いられますが，便利な表現を一つだけ紹介しておきましょう。誰かから贈り物をもらったような場合に，「こんなとしていただかなくてもよかったのに」という気持ちの表明は，簡単に，You shouldn't have. と言えば OK です。

第2章 あいまい文を考える

7　will のあいまい性

> John **will** be in New York.

解釈： (a) ジョンはニューヨークにいるつもりだ。(意志を表す根源的用法)
(b) ジョンはニューヨークにいることでしょう。(予測・推量を表す認識的用法)

　will は，根源的用法では「〜するつもりである」の「意志」の意味を表し，認識的用法では「〜でしょう」の「予測」や「推量」の意味を表します。認識的用法の will は，未来の事柄に関する「予測」及び現在の事柄に関する「推量」を表します。

類例1： John **should** be in New York.
解釈： (c) ジョンはニューヨークにいるべきだ。(弱い義務・必要を表す根源的用法)
(d) ジョンはニューヨークにいるはずだ。((弱い) 蓋然性を表す認識的用法)

　should は，根源的用法では「〜するべきだ」という「義務」の意味を表し，認識的用法では「〜のはずだ」という「蓋然性」の意味を表します。

類例2： John **may** stay here tomorrow.
解釈： (e) ジョンは明日ここに滞在してもかまいません。(許可を表す根源的用法)
(f) ジョンは明日ここに滞在するかもしれない。(推量・可能性を表す認識的用法)

　may は，根源的用法では「許可」の意味を表し，認識的用法では「推量」「可能性」の意味を表します。

8 not 〜 because のあいまい性

> She did**n't** buy it **because** it cost $35.

解釈： (a) それが35ドルしたから彼女はそれを買わなかった。
(b) 彼女はそれを買ったが，その理由はそれが35ドルしたからではない。

She didn't buy it because it cost $35. は，(c) に見られるように，not が buy にかかっている読みと，(d) に見られるように not が because 節にかかっている読みのいずれも可能です。

(c) She did [**not**] buy it **because** it cost $35.
(d) She did buy it [**not**] **because** it cost $35.

類例： I do**n't** like him **because** he is handsome and smart.
解釈： (e) 私は彼がハンサムで頭がいいから好きではない。
(f) 私は彼がハンサムで頭がいいから好きだというわけではない。

この文に対しても，次の (g) と (h) の解釈が可能ということです。すなわち，(e) の解釈が (g) に対応し，(f) の解釈が (h) に対応します。

(g) I do [**not**] like him **because** he is handsome and smart.
(h) I do like him [**not**] **because** he is handsome and smart.

注） 第1章の **56**（57ページ）を参照。

9 「S+V+O+O and S+O」型のあいまい性

> Tom bought Kate a watch and Sally a ring.

解釈： (a) トムはケイトには時計を，またサリーには指輪を買ってあげた。
(b) トムはケイトに時計を買ってあげ，そしてサリーはケイトに指輪を買ってあげた。

このようなタイプの構文は構造的にあいまいです。つまり，(a) の解釈におけるこの文の構造は，Tom bought Kate a watch and [Tom bought] Sally a ring. のように [Tom bought] の部分が省略されています。他方，(b) の解釈の下では，この文は Tom bought Kate a watch and Sally [bought Kate] a ring. の構造をしていて，[bought Kate] の部分が省略されています。

類例1： Ed considers Ann too young and Marsha too old.
解釈： (c) エドはアンのことは若すぎる，また，マーシャのことは年をとり過ぎていると考えている。
(d) エドはアンのことを若すぎると考えており，マーシャは(アンのことを)年をとり過ぎていると考えている。

この文は，(c) の解釈の下では，Ed considers Ann too young and [Ed considers] Marsha too old. の構造を，(d) の解釈の下では，Ed considers Ann too young and Marsha [considers Ann] too old. の構造をそれぞれ持ちます。

類例2： I sent Tom a letter and Nick a package.

この文に関しても，上で見たのと同じあいまい性がありますが，もはや説明は不要でしょう。

10 in a week のあいまい性

I'll write the report **in a week**.

解釈： (a) 私は1週間で報告書を書きます。
(b) 私は1週間後に報告書を書きます。

in a week のような表現には2通りの意味があります。「1週間で」の意味では (a) の解釈がなされ、「1週間してから」の意味では、(b) の解釈がなされることになります。

関連表現：

in time という表現についても見ておきましょう。この表現には「間に合って」の意味と「やがては」の意味があります。

(c) I managed to finish the job **in time**.
(d) **In time** she will realize how important it is to be honest.

(c) は「私はなんとか割り当てられた時間内にその仕事を終えることができた」ことを意味し、(d) は「やがて彼女は正直であることがいかに重要であるかを悟るでしょう」を意味します。ちなみに、on time という表現もありますが、これは「時間どおりに」「定刻に」を意味し、例えば、The bus arrived on time.（バスは定刻に到着した）のように使われます。

注） 第1章の **35**（36ページ）の注を参照。

11 John's singing のあいまい性

> He admired **John's singing**.

解釈： (a) 彼はジョンが歌った事実に感心した。
(b) 彼はジョンの歌い方に感心した。

(a) の解釈の下では，He admired John's singing. は，He admired the fact of John's singing. に相当する意味の英語となります。一方，(b) の解釈の下では，この文は，He admired the way John sang. に相当する意味の英語に対応します。

類例： I liked **Mary's playing** the violin.
解釈： (c) 私はメアリーがバイオリンを弾いた事実（fact）が気に入った。
(d) 私はメアリーのバイオリンの弾き方（manner of her playing the violin）が気に入った。

この文も，(c) の解釈の下では，I liked the fact of Mary's playing the violin. に相当し，一方，(d) の解釈の下では，I liked the way Mary played the violin. に相当することになります。

関連表現： I hate **that man talking** to Sally.
解釈： (a) あの男がサリーに話しかけていることに嫌悪を覚える。
(b) サリーに話しかけているあの男が嫌いだ。

(a) の解釈の下では，この文は，I hate the fact of that man's talking to Sally. に対応します。(b) の解釈では，男がサリーに話しかけている事態が原因というよりも，とにかく男が嫌いであることが述べられています。なお，この文のあいまい性は，that man が that man's の 's が省略されているとする解釈から生じています。

12 If it rained のあいまい性

> **If it rained**, the match would be cancelled.

解釈： (a) もし雨が降ったら，試合は中止になるだろう。
(b) 雨が降った場合は，試合は中止になったものでした。

　この文に関して，まず最初に思い浮かぶ解釈は，(a) の「もし雨だったら，試合は中止になるのだが」でしょう。これはこの文を仮定法過去の文としてとらえた場合で，実際は雨が降っているわけでなく，試合がとり行なわれる状況にあることが前提となっています。さらに，もう一つの解釈も可能です。will の過去形である would には「過去の習慣」を表す用法があり，the match would be cancelled は「中止になったものだ」の解釈も可能です。したがって，この文は (b) の意味解釈も可能であることになります。「過去の習慣」を表す would の例を挙げておきましょう。例えば，Jane would often call on her aunt on Sundays.（ジェーンはよく日曜日に叔母を訪ねたものでした），Sometimes he would read Shakespeare when he was a college student.（彼は大学生の時に時々シェークスピアを読んだものでした）のように使われます。

関連表現：

　過去の習慣を表す表現に used to もあります。例えば，I used to go fishing on Sundays when I was a junior high school student.（中学生の時は日曜日によく釣りに行ったものでした），They used to go to church every Sunday.（彼らは日曜ごとに教会へ行くのが常でした）などのように用いられます。

注） would は often, sometimes などの副詞を伴って過去の不規則な習慣を示します。一方，used to は過去における比較的長い期間における規則的な習慣を表します。

13 「have＋目的語＋過去分詞」のあいまい性

> She **had** a ring **stolen**.

解釈： (a) 彼女は指輪を盗まれた。
(b) 彼女は指輪を盗ませた。

She had a ring stolen. に対する普通の解釈は,「彼女は指輪を盗まれた」であると考えられますが, もう一つの解釈として,「彼女は指輪を(誰かに)盗ませた」が可能です。この読みでは, 彼女は指輪を故意に誰かに盗ませたということになります。つまり, 一つの解釈は「被害」を表し, もう一つの解釈は「使役」を表すということになります。要するに,「have＋目的語＋過去分詞」の型は,「～される」と「～させる」のいずれの意味にも解釈されることになります。つまり,「被害」の意味では Someone stole a ring from her. を, また,「使役」の意味では She got someone to steal a ring. を表現するわけです。

類例： I will **have** the work **done** by six o'clock.
解釈： (c) 私は6時までにはその仕事を終えるつもりです。
(d) 私は6時までにはその仕事を終えさせます。

(c) の解釈の下では, I will have the work done by six o'clock. は, I will do the work by six o'clock. と述べていることになります。また, (d) の解釈の「私は6時までにはその仕事を終えさせます」を別の英語で説明的に言うと, I will get someone to do the work by six o'clock. となります。

注） 「have＋目的語＋過去分詞」は,「使役」と「被害」以外に「結果」を表すこともあり, この場合,「～を...してしまっている」のように訳されます。例えば, She had her plan made.（彼女は計画を立ててしまっていた）がその例となります。

14 hit the woman with a book のあいまい性

The drunk man **hit the woman with a book**.

解釈: (a) その酔っ払いは本で女性をたたいた。
(b) その酔っ払いは本を持っている女性をたたいた。

The drunk man hit the woman with a book. は文の構造があいまいなために二つの解釈が可能となります。つまり，The drunk man hit [the woman] with a book. のように分析されると，(a) の解釈が適用されます。一方，The drunk man hit [the woman with a book]. のように分析されると，(b) の解釈が適用されることになります。すなわち，with a book が the woman を修飾するか，あるいは hit を修飾するかで意味解釈が変わるわけです。

類例1: I **decided on the boat**.
解釈: (c) 私は船の上で決心した。
(d) 私はその船に決めた。

この文も，I decided [on the boat]. と I [decided on] the boat. のように2通りの分析が可能です。前者では，on the boat は場所を表す前置詞句であり，この場合，(c) の意味解釈が適用されます。また，後者では，decided on はひとまとまりの動詞句として分析され，(d) の解釈が適用されます。

類例2: I met **young men and women**.
解釈: (e) ((若い男性たち)+(女性たち)) [[young men] and [women]]
(f) ((若い(男性たち+女性たち)) [young [men and women]]

15 only のあいまい性

> Peter **only** talked to Rose today.

解釈： (a) ローズに今日話しかけたのはピーターだけです。
(b) ピーターが今日話しかけたのはローズにだけです。
(c) ピーターは今日ローズに話しかけただけだった。
(d) ピーターがローズに話しかけたのは今日だけです。

　この文には上のような4通りの解釈が可能なわけですが，普通の話し言葉では，(a) の解釈が最も自然です。上のような複数の解釈を可能ならしめているのは副詞 only が存在するためです。つまり，only がどの語を修飾するのかということで解釈が変わるわけです。一般的には，only はそれが修飾する語の直前か直後に置かれます。したがって，Only five students attended the class yesterday. のような文においては，only は five students を修飾し，それを限定する働きをしています。

　しかし，Five students only attended the class yesterday. のように only が主語と動詞の間に位置しているような文においては，only が2つ以上の要素を修飾する可能性が出てきます。書き言葉ではどの要素が修飾されているのか判断が難しい場合があるのですが，話し言葉では，修飾される要素に強勢が置かれますから，音調によってどの要素が修飾されているのかが分かることになります。すなわち，Peter に強勢が置かれれば (a) の解釈がなされ，意味的には Nobody but Peter talked to Rose today. と同じであり，talked に強勢が置かれれば，Peter did nothing else today with respect to Rose but talked to her. の意味になり，(c) の解釈がなされます。また，Rose に強勢が置かれると Peter talked to Rose today but nobody else. と同じ意味になり (b) の解釈がなされ，today に強勢が置かれると，Peter talked to Rose today but not at any other time. の意味になり，(d) の解釈がなされます。

16 sadly のあいまい性

> **Sadly** Tony left the classroom.

解釈： (a) 悲しいことに，トニーは教室を後にした。
(b) 悲しげに，トニーは教室を後にした。

　副詞 sadly に関して2通りの解釈が可能です。一つは，話し手が，例えばトニーと誰かが言い争う状況を目のあたりし，トニーが教室から出て行った様子を見て「悲しい」と思った場合の (a) の解釈です。もう一つは，(b) の「トニー自身が悲しんで教室を出た」という解釈です。つまり，sadly が文全体を修飾する読みと，動詞を修飾する読みの両方が可能というわけです。

類例： Mary **cleverly** dropped her handkerchief.
解釈： (c) 賢明にも，メアリーは自分のハンカチを落とした。
(d) メアリーは賢明なやり方で自分のハンカチを落とした。

　この文についても cleverly が文を修飾している読みと動詞を修飾している読みが可能です。文を修飾している読みなら，Cleverly, Mary dropped her handkerchief. のような意味に対応すると考えられ，動詞を修飾している読みなら，Mary dropped her handkerchief cleverly. の意味に対応すると考えられます。前者の場合は，(c) の「賢明にも，メアリーは自分のハンカチを落とした」，後者なら，(d) の「メアリーは賢明なやり方で自分のハンカチを落とした」の解釈がそれぞれ成立します。例えば，探偵の秘書をしているメアリーが悪漢に追われている場面で，自分のいる場所をハンカチで教えるというような場面を想定してみると，この文が理解しやすくなるでしょう。つまり，「ハンカチを落としたこと自体が賢明であった」が (c) の解釈，また，例えば「適切なタイミングで適切な場所にハンカチを落とした」のような内容が，(d) の解釈に相当するわけです。

17　as long as のあいまい性

> I'll look after your children **as long as** you pay.

解釈： (a) あなたがお金を支払ってくれる間は，お子さまの面倒を見ましょう。
(b) お金を支払ってくださるなら，お子さまの面倒を見ましょう。

　この文の as long as に関する解釈はあいまいです。as long as に対する一つの読みは「…の間は」で，as long as you pay は，「あなたがお金を私に支払ってくれる期間と同じ期間」ということを表しています。したがって，as long as 節をこのように解釈すると，「あなたがお金を支払ってくれる間はお子さまの面倒を見ましょう」の (a) の解釈が得られます。また，as long as のもう一つの読みは「…である限りは」であり，この場合「条件」を表します。つまり，as long as は provided の意味に等しく，言い換えると I'll look after your children provided you pay. となり，(b) の「もしお金を支払ってくれるのなら，お子さまの面倒を見ましょう」の解釈がなされることになります。

関連表現：

(c) **As long as** he's alive, I'll take care of him.
(d) You can go dancing **as long as** you come back by ten o'clock.

　(c) 文は「彼が生きている間は，私が彼の面倒を見ます」を，また，(d) 文は「10 時までに帰ってくるのなら，ダンスに行ってもかまわない」をそれぞれ意味します。

注） as long as には「…もの長い間」の意味もあります。例えば，She plays the violin for **as long as** six hours every day. は，「彼女は毎日 6 時間もバイオリンを弾きます」を意味します。

18　a colleague のあいまい性

> I often have lunch with **a colleague**.

解釈： (a) 私はしばしば(特定の)同僚と一緒に昼食を食べます。
　　　　(b) 私はしばしば(不特定の)同僚と一緒に昼食を食べます。

「a ＋名詞」には specific interpretation（特定的解釈）と unspecific interpretation（非特定的解釈）の両方の解釈が可能です。a colleague についても 2 通りの解釈，つまり「いつも決まった同僚」と「複数の同僚がいるが，その中の違う誰か」の解釈が可能です。したがって，一つの解釈は，(a) の「私はしばしば(決まった一人の)同僚と昼食を食べる」で，もう一つの解釈は，(b) の「私はしばしば(不特定の)同僚と昼食を食べる」ということになります。

類例： She wants to consult **a doctor**.

「彼女はある特定のお医者さんに診察してもらいたがっている」という読みと，「お医者さんであればだれでもよく，その人に彼女は診察してもらいたいと思っている」という読みが成立します。

注) 例えば，I have a bag. It was a little expensive.（私は鞄を持っています。それは少し高かったです）において，a bag が特定の鞄を指していることは代名詞 it が使われていることから明らかです。要点は，必ずしも「a(n) ＋名詞」が非特定的な解釈しか許さないというわけではなく，非特定的なものを指す用法と特定的なものを指す用法の両方をカバーするということです。したがって，「a(n) ＋名詞」がどのような文脈や場面で用いられているのかを常に考慮する必要があるわけです。つまり，特定的な読みが優先されるのか，あるいは非特定的な読みが優先されるかは，文脈や場面次第ということになります。

19 in (the) summer のあいまい性

> I'd like to go to San Francisco **in (the) summer**.

解釈: (a) 私は(この)夏サンフランシスコに行きたいと思っています。
(b) 私は(とにかく)夏(の季節)にサンフランシスコに行きたいと思っています。

in (the) summer に関して2通りの解釈が可能です。一つは，この文が発話されているその年の「夏」にサンフランシスコに行きたいという思いを表している (a) の解釈です。しかし，in (the) summer に対して，summer time in general の意味解釈も可能であり，この場合は，夏であればいつでもよいわけです。in (the) summer に対してこの解釈が適用された場合，(b) の解釈が成立するということになります。

類例: He told me he met her **yesterday**.
解釈: (c) 「昨日彼女に会った」と彼は私に言った。
(d) 「彼女に会った」と昨日彼は私に言った。

(c) He told me [he met her yesterday]. と (d) He told me [he met her] yesterday. のいずれの分析も可能です。つまり，yesterday が he met her yesterday の中，すなわち従属節の中にあるとする解釈，及び yesterday が He told me の中，すなわち主節の中にあるとする解釈のいずれも可能ということです。

関連表現: The match originally scheduled for next Sunday has been moved **forward three days**.

一つの解釈は「来週の日曜日にもともと予定されていた試合は3日延期された」で，もう一つの解釈は「3日繰り上げられた」です。

20 most のあいまい性

> This dictionary is **most** useful.

解釈：(a) この辞書は一番役に立つ。
　　　　(b) この辞書は非常に役に立つ。

(a) は「最上級の読み（superlative reading）」で，この場合，This dictionary is more useful than all the others.（この辞書は他のすべての辞書と比較してより役に立つ）の意味解釈がなされます。他方，(b) は「強意の読み（intensifying reading）」であり，This dictionary is extremely useful.（この辞書は非常に役に立つ）の意味解釈がなされます。

類例：She interviewed **most** movie stars.
解釈：(c) 彼女は他の誰よりも多くの映画スターにインタビューした。
　　　　(d) 彼女は半数以上の映画スター達をインタビューした。

(c) は，「最上級の読み」が適用された解釈です。この場合，彼女が他のインタビュアー達と比べられています。一方，(d) は，映画スターと呼ばれている人達の中の半数以上に言及している「強意の読み」が適用されています。

注） 次のように，不定冠詞とともに，あるいは冠詞を伴わないで，most が限定用法の形容詞を修飾する場合，常に「強意の読み」として most は解釈されます。

I had **a most instructive** experience in New York last year.（昨年はニューヨークで非常に有益な経験をした）
These are **most convincing** theories.（これらはたいへん説得力のある説だ）

21 They のあいまい性

> **They** are ready to eat.

解釈： (a) 彼らは食べる用意ができている。
　　　　 (b) それらを食べる用意ができている。

　they を「人」ととるか，あるいは「食べ物」ととるかで意味解釈が変わります。すなわち，they が，例えば「お客さん」の場合は The guests are ready to eat. を意味し，また，they が，例えば「料理」の場合は，The dishes are ready to eat. を意味するわけです。

類例1： **They** were too hot to eat.
解釈： (c) 彼らは体がほてりすぎて物を口にすることができなかった。
　　　　 (d) それら(料理)は熱すぎて食べることができなかった。

　この場合も，they を「人」ととるか，あるいは「食べ物」ととるかの違いということになります。
　ちなみに，慣用表現「too ＋形容詞(副詞)＋to ～」はしばしば「so ＋形容詞(副詞)＋ that ～」の構文に置き換えることが可能であることはよく知られていると思いますが，ここで，ついでに確認しておきましょう。例えば，He is too young to travel alone.（彼は若すぎて一人で旅はできない）は，He is so young that he cannot travel alone. に置き換え可能です。

類例2： **It**'s hot to eat.
解釈： (e) （気候が）食事をするには暑い。
　　　　 (f) （食物が）食べられるほどの辛さだ。

　上のように，代名詞 it が主語になっている文もあいまい文です。

22　Everyone loves someone. のあいまい性

> Everyone loves someone.

解釈： (a) すべての人に愛する誰かがそれぞれ一人いる。
　　　　(b) すべての人に愛されている誰かが一人いる。

　(a) の解釈は，Everyone has someone that they love. に対応し，(b) の解釈は There is some person that is loved by everyone. が対応します。(a) の，すべての人に関してそれぞれに愛する人がいるという解釈は，例えば，A さんは B さんを愛しており，また，C さんは D さんを愛していて，E さんが A さんを愛しているような場合も含まれます。つまり，すべての人が誰かを愛している事態が Everyone loves someone. で言い表されるのです。また，この文は，ある一人の人物がすべての人達に愛されている事態もカバーします。要するに，Everyone loves someone. は，many-to-many relationship of loving ((a) の解釈) と many-to-one relationship of loving ((b) の解釈) の両方の関係を言い表すことができるということです。言い換えると，この文には，複数の人間が任意の人をそれぞれ愛している関係と複数の人が一人の人を集中的に愛している関係の2通りの解釈が可能ということです。

類例： Everybody didn't visit London.
解釈： (c) 誰もがロンドンを訪ねたわけではなかった。
　　　　(d) 誰もがロンドンを訪ねなかった。

　よく知られているように，否定語 not の働きの及ぶ範囲が文の一部に限られている場合は部分否定で，否定の範囲が文全体に及んでいる場合は全体否定です。したがって，(c) の解釈は部分否定の場合に相当し，(d) の解釈は全体否定の場合に相当することになります。

23 代名詞 him が指示する人物のあいまい性

> Paul kicked George and then John kicked **him**.

解釈： (a) ポールはジョージを蹴り，それからジョンはジョージを蹴った。
(b) ポールはジョージを蹴り，それからジョンはポールを蹴った。

him は Paul あるいは George のいずれかであると解釈できます。him に強勢が置かれていない場合は (a) の解釈が適用されますが，him に強勢が置かれる場合は (b) の解釈が適用されます。したがって，him に強勢が置かれるか否かによって，あいまい性は解消されることになります。Paul kicked George and John kicked him. のように「主語＋動詞＋目的語 and 主語＋動詞＋目的語」といった同じ語順が and をはさんで並列されている構造を持つ文は，平行的に解釈されるのが普通です。つまり，「ポールはジョージを蹴り，ジョンはジョージを蹴った」とする (a) の解釈が普通であるということです。したがって，Paul kicked George and then John kicked him. に対して，最も優先的になされる解釈は，通例 (a) であるということになるでしょう。

関連表現： Paul kicked George and then HE kicked him.
解釈： ポールがジョージを蹴り，それからジョージはポールを蹴った。

上の文で大文字の HE は強勢が置かれていることを示します。このように強勢が置かれている HE に対しては，それが George を指し示す解釈がなされます。

24 for のあいまい性

> Tony cooked a meal **for** Kate.

解釈： (a) トニーはケイトに代わって食事を作った。
(b) トニーはケイト（のため）に食事を作ってあげた。

この文のあいまい性は，前置詞の for の解釈が2通りに可能であるところから生まれています。つまり，一つの意味は「〜に代わって」であり，もう一つの意味は「〜のために」です。

類例： Kenny bought a book **for** me.
解釈： (c) ケニーは私の代わりに本を買ってくれた。
(d) ケニーは私のために本を買ってくれた。

この文に関しても，for が「〜に代わって」を意味するととらえると，(c)の解釈が得られ，for が「〜のために」を意味するととらえると，(d)の解釈が得られるということになります。

ちなみに，上記の意味以外に，for は「〜を求めて」や「〜と引き換えに」の意味でもしばしば用いられます。以下で確認しておきましょう。

Paul asked his boss **for** a promotion.（ポールは社長に昇進を求めた）

Meg is looking **for** a new job.（メグは新しい仕事をさがしています）

John bought the book **for** eight dollars.（ジョンはその本を8ドルで買った）

I exchanged my computer **for** a new model.（私はコンピューターを新しい機種に変えました）

25 can't do anything のあいまい性

> Ted **can't do anything**.

解釈： (a) テッドはまったく何もできない。
(b) テッドは何でもできるというわけではない。

　この文は，(a) の解釈では not と anything が結びついて「何も～ない」を意味する全体否定の文としてとらえられます。一方，(b) の解釈では，anything は「どんなことでも」を意味し，「テッドはどんなことでもできるということはない」，言い換えると「何でもできるわけではない」ということをこの文は表すことになります。このように，Ted can't do anything. に対しては，Ted はかなりの仕事のやり手ではあるが，万能選手というわけではないと評価している解釈も可能なわけです。

　ちなみに，Ted can't do everything. は，「テッドにすべてのことができるわけではない」，つまり「テッドにできることが少なくとも一つは存在する」ことを述べている文であり，Ted can't do anything. とはニュアンスが違います。

関連表現：

　ここではついでに，some と any の使い分けについて少し見ておきましょう。通例は，some は肯定文で，any は否定文，疑問文，条件文などで用いられます。しかし，肯定の答えを期待している時には，疑問文や条件文でも some が用いられます。例えば，Aren't there *some* CDs that you want to buy?（買いたい CD があるのでしょ），If you need *some* help, give me a call.（何か助けが必要なら，電話を下さい）のように用いられます。また，人に何かをすすめる時には，周知のように，Would you like *some* more tea?（お茶をもう少しいかがですか）のような表現が適切です。

26 Each of my brothers と a girl の関係のあいまい性

Each of my brothers is going out with **a girl** from Chicago.

解釈： (a) 私の兄弟はそれぞれがシカゴ出身の(別々の)女性とつき合っている。
(b) 私の兄弟はそれぞれがシカゴ出身の(同じ一人の)女性とつき合っている。

この文に対する一つの解釈は(a)で，普通はこの解釈が優先されます。つまり，兄弟一人一人がそれぞれシカゴ出身の別々の女性とつき合っているという解釈です。現実世界の知識に照らし合わせると，この解釈が優先されることは容易に理解することができるでしょう。そして，もう一つの解釈は(b)で，兄弟全員が同じ一人の女性とつき合っているというものです。このような事態は，日常生活において普通ではないでしょう。したがって，この解釈がなされる可能性は圧倒的に小さいと言えます。

類例： The teacher sent **each of his students a poem**.
解釈： (c) 先生が自分の生徒たちにそれぞれ異なる詩を送った。
(d) 先生は同じ一つの詩を自分のそれぞれの生徒に送った。

注） each of を含む文が常にあいまい文であるとは限りません。例えば，Each of the kindergartners drew a picture. には，一つの解釈しか適用できません。すなわち，「園児たちが，それぞれ1枚の絵を描いた」の読みだけが適用され，「園児たち全員が1枚の絵を書いた」という読みは適用されないということです。なぜ最初の解釈しか許されないのかと言うと，子供達が絵を描くという創造的な行為を個別的に行なった結果，1枚の絵が完成したという事態を想像することが難しいからです。つまり，現実世界の知識がこの文の解釈に影響しているということになります。

27 came open のあいまい性

> The package **came open**.

解釈: (a) 小包が開いたまま届いた。
(b) 小包が開いてしまった。

The package came open. に対するそれぞれの解釈は，別の英語で表現すると，(a) The package was already open when it arrived., あるいは (b) The state of the package changed from closed to open. となります。

同じ形容詞が用いられていても，解釈の仕方によって用法が違うということになります。(a) の解釈では，open は描写的 (depictive) な用法の形容詞として扱われ，(b) の解釈では open は結果的 (resultative) な用法の形容詞として扱われています。すなわち，同じ形容詞であっても，主語名詞の様子を描写する働きをする形容詞は，depictive な形容詞であり，一方，主語名詞の結果的な状態を表す形容詞は，resultative な形容詞ということです。

類例: She's made the tea too **weak**.
解釈: (c) 彼女はお茶をあまりにも薄い状態に作った。
(d) 彼女はお茶をあまりにも薄くしてしまった。

この文に関しても，weak が depictive あるいは resultative な形容詞として解釈されるかで，文全体の解釈が変わります。形容詞 weak が depictive の場合は (c) の解釈が成立しますが，形容詞 weak が resultative の場合には (d) の解釈が成立します。つまり，weak が depictive の解釈では，「お茶は最初から薄すぎる状態だった」ことが述べられていることになり，resultative の解釈では，「お茶が濃かったので水で薄めていった結果，薄め過ぎになってしまった」状態になったことが述べられているわけです。

28 care for のあいまい性

> I don't **care for** this cat.

解釈： (a) 私はこの猫の面倒は見ていない。
(b) 私はこの猫が好きではない。

care for には「〜の世話をする，面倒を見る」の意味と，「〜が好きである」の意味があるので，このような2通りの解釈が成立するわけです。後者の意味では，たいていの場合，疑問文や否定文の中で用いられます。もちろん，care for を伴う文が，文脈なしで単独で用いられることは，通常ありませんから，文脈次第で，care for の意味が割り出されることは言うまでもありません。care for を含む例を，以下に挙げておきましょう。

I will **care for** your children during your absence.（あなたがお留守の間は，お子さんたちのお世話はおまかせください）

She didn't **care for** running when she was young.（彼女は若い頃は，走ることが好きではなかった）

Would you **care for** another cup of coffee?（もう一杯コーヒーをいかがですか）

ちなみに，care for 以外に以下のような表現も併せて確認しておきましょう。

I **have a sweet tooth**.（私は甘い物に目がありません）

I **have a thing for** dogs.（私は犬が大好きです）

She has to **take care of** her sick mother.（彼女は病気の母親の世話をしなければならない）

They have four kids to **watch**.（彼らには世話をする子供が4人います）

29 動詞 favor のあいまい性

> He **favors** his father a lot.

解釈： (a) 彼は父親の方がとても好きです。
(b) 彼は父親にとても似ている。

　動詞 favor には「好意を示す」の意味があり，(a) の解釈が成立しますが，その一方で，favor には to resemble a parent or other relative（親あるいは他の親族に似ている）の意味もあります。特に，カナダやアメリカで，この「〜に似ている」の意味の favor が使われます。ちなみに，「彼は父親にとても似ている」ことは，He really looks like his father. や He takes after his father a lot. で表現することも可能です。また，「瓜二つ」という感じを出したければ，He's a carbon copy of his father., He's a chip off the old block. あるいは He's the spitting image of his father. のような表現が用いられます。さらには，(as) like as two peas (in a pod) を用いて，He and his father are as like as two peas in a pod. としても「瓜二つ」の感じを出すことができます。以上のように，似ていることを表すのに色々な英語表現があるものです。

　また，動詞 favor には「賛成する」「味方をする」の意味があり，例えば，The three board members *favor* the merger.（その3名の重役たちは会社の合併に賛成している），あるいは Fortune *favors* the brave.（幸運は勇者に味方する）のように用いられます。さらに，「えこひいきする」の意味もあり，「社長は彼らをえこひいきしている」は The boss *favors* them. となります。これは The boss shows favoritism to them. と表現することもできます。

　ついでながら，名詞の favor は，「親切な行為」「世話」「願い」を意味し，特に，「お願いがあるのですけれど」に対応する Would you do me a *favor*?, May I ask you a *favor*? あるいは May I ask a *favor* of you? などはいずれも頻度が高い英語表現です。

30 some のあいまい性

> **Some** students were still in the classroom.

解釈： (a) 学生がまだいく人か教室にいた。
(b) 一部の学生がまだ教室にいた。

some には，弱形の some と強形の some があり，前者は弱く [sm] のように発音されます。それに対して，後者の some は強く発音されます。some が弱形の場合に (a) の解釈がなされ，some students はただ漠然と「何人かの学生たち」を意味します。それに対して，some が強形の場合に (b) の解釈がなされ，some students は some of the students を意味します。つまり，すでに複数の学生たちの存在が聞き手に了解されている状況下で「その学生たちの一部」の意味で some students が用いられているというわけです。

類例： **Many** students were still in the classroom.
解釈： (c) たくさんの学生がまだ教室にいた。
(d) その学生達の多くがまだ教室にいた。

弱形の many は [mni] と弱く発音され，漠然と「たくさんの学生がまだ教室にいた」を意味します。一方，強形の many は強く発音され，many students は意味的に many of the students と同じで，「その学生達の多く」を意味します。

関連表現：

Condors are in the Andes.
(e) コンドル (という鳥) はアンデス山脈に生息している。(総称文)
(f) アンデスにはコンドルがいる。

この文は (e) と (f) の両方の解釈が可能です。(f) の解釈では，この文は，Some condors are in the Andes. と同じ意味を表します。

31 red and white ribbons のあいまい性

> She bought **red and white ribbons**.

解釈: (a) 彼女は赤いリボンと白いリボンを買った。
(b) 彼女は紅白のリボンを買った。

(a) の解釈では, red and white ribbons が, 複数個の赤いリボンと白いリボンととらえられ, (b) の解釈では,「紅白のリボン」ととらえられていることになります。つまり, (a) の解釈では, red and white ribbons は, red ribbons and white ribbons と解され, (b) の解釈では, リボンの様子は, the colors red and white may occur on the same ribbon と解されるということです。

類例1: **John and Mary** wrote a book.
解釈: (c) ジョンとメアリーが(協力して)一冊の本を書いた。
(d) ジョンとメアリーが(それぞれ)一冊の本を書いた。

(c) の解釈の下では, [John and Mary] wrote a book. の構造が想定でき, (d) の解釈では, [John wrote a book.] and [Mary wrote a book.] という構造を連結させて John and Mary wrote a book. の構造が想定できることになります。

類例2: **John and Mary** are married.
解釈: (e) ジョンとメアリーは夫婦である。
(f) ジョンとメアリーは既婚者だ(が夫婦ではない)。

(e) の解釈の下では, John and Mary は一つの要素であり, (f) の解釈の下では, John と Mary はそれぞれが別々の要素であり, それぞれが married の状態にあることになります。

32 painted green のあいまい性

> **Painted green**, this bicycle looks nicer.

解釈： (a) この自転車は緑色に塗ってあるので，一段と見栄えがよい。
(b) この自転車は，緑色に塗れば，一段と見栄えがよくなる。

上の文のように分詞構文 painted green が用いられている場合，「理由」あるいは「条件」のいずれかの解釈が適用され，それゆえに，上の (a) あるいは (b) の解釈が可能というわけです。分詞構文は，(a) では「理由」を，また，(b) では「条件」を表しています。

類例1： **Having finished** my work, I went home.
解釈： (c) 仕事を終えてから，家に帰った。
(d) 仕事を終えたので，家に帰った。

(c) の解釈の下では，分詞構文 having finished my work の部分は，After I had finished my work のように「時」を表す表現に相当します。一方，(d) の解釈の下では，Because (As, Since) I had finished my work のように「理由」を表す表現に相当します。

類例2： The policeman found the burglar **running** toward the entrance to the building.
解釈： (e) 警官は，泥棒がその建物の入り口の方に走って行くのを見つけた。
(f) 警官は，その建物の入り口の方に走っている時に，泥棒を見つけた。

running 以下が the burglar を修飾するととらえれば，(e) の解釈がなされ，それが the policeman にかかっているととらえれば，(f) の解釈がなされます。

33 bowling のあいまい性

> I like **bowling**.

解釈： (a) 私はボウリングをするのが好きです。
(b) 私はボウリングの観戦が好きです。

(a) の解釈は，What do you like doing? の疑問文の答えとしてふさわしく，一方，(b) の解釈は，What do you like? の答えとしてふさわしいことになります。また，(a) の解釈では，話し手である I が，ボウリングをすることが好きだと言っていることになりますが，(b) の解釈では，話し手である I 以外の誰かがボウリングをするのを見るのが好きだということを言っていることになります。

類例1： I abhor **dancing**.
解釈： (c) 私は踊ることが大きらいだ。
(d) 私は(人が)踊るのが大きらいだ。

この文に関しても，踊る主体が，話し手自身である文主語 I であるとする場合には，解釈 (c) が得られ，踊る主体が文主語 I 以外の誰かであるとする場合には，解釈 (d) が得られることになります。

類例2： I detest **singing**.
解釈： (e) 私は歌うことが嫌でたまらない。
(f) 私は(人が)歌うのが嫌でたまらない。

この文に関しても，上で見た説明が適用されます。

34　what I have in my hand のあいまい性

> Mary discovered **what I have in my hand**.

解釈：　(a)　私が，今，手に持っているものを見つけたのはメアリーです。
　　　　 (b)　メアリーは，私が手の中に何を持っているのか知っていた。

(a) の解釈では，what は関係代名詞としてとらえられていますが，(b) の解釈では，what は疑問詞としてとらえられています。

類例1：　He asked me **what I know**.
解釈：　(c)　彼は私が知っていることを尋ねた。
　　　　 (d)　彼は何を私が知っているか尋ねた。

(c) の解釈では，what は関係代名詞として機能しており，(d) の解釈では，what は疑問詞として機能しています。

類例2：　I know **what stories my aunt tells**.
解釈：　(e)　私は叔母がどんな話をするのか知っている。
　　　　 (f)　私は叔母の話がびっくり仰天するものであることを知っている。

(e) の解釈では，what は疑問詞としてとらえられていますが，(f) の解釈では，what が，感嘆文で用いられる what としてとらえられているということになります。つまり，(f) の解釈の下では，この文に，What stories my aunt tells! が埋め込まれているとするわけです。

第2章　あいまい文を考える　　97

35　as well as のあいまい性

> John can play the guitar **as well as** Paul.

解釈：　(a) ジョンのギターを弾く腕前はポールと同じ程度だ。
　　　　(b) ポールもギターが弾けるが，ジョンだってギターが弾ける。

　この文は，John is as good a guitarist as Paul. に対応する (a) の解釈，あるいは，In addition to Paul, John can also play the guitar. に対応する (b) の解釈の 2 通りの解釈が成立します。

類例：　John plays the guitar **as well as** the piano.
解釈：　(c) ジョンは，ピアノを上手に弾くがそれと同じ程度にギターも弾く。
　　　　(d) ジョンはピアノだけではなくギターも弾く。

　この文は，John not only plays the piano well, but also plays the guitar well. の解釈，すなわち (c) の解釈と，John plays not only the piano, but also plays the guitar. の解釈，すなわち (d) の解釈のいずれも可能です。

注）　要点をまとめると，(a) と (c) における … as well as 〜 は，「〜と同じくらい上手に…」を意味します。また，(b) と (d) における A as well as B のパターンは，not only B but also A（B だけでなく A も）を意味します。B の部分は話し手と聞き手の間ですでに了解済みの内容であり，A の部分は聞き手にとって未知の情報であり，こちらに重点があります。

36 前置詞 on のあいまい性

> Mike wrote an article **on** the Queen Mary.

解釈: (a) マイクは，クイーンメリー号に関する記事を書いた。
(b) マイクは，クイーンメリー号に乗船中にある記事を書いた。

(a) の解釈では，前置詞の on は「～に関して」の意味でとらえられています。一方，(b) の解釈では，on は「～に乗って」の意味でとらえられています。

類例 1: John drew the picture **in the attic**.
解釈: (c) ジョンは屋根裏部屋でその絵を描いた。
(d) ジョンは屋根裏部屋の中に(置いて)あるその絵を描いた。

in the attic を「ジョンが絵を描いた場所」と解釈すると，(c) の解釈が得られます。それに対して，ジョンが描いた絵がどこにある絵なのか，つまりその所在が問題となっているような場面では，(d) の解釈がなされることになります。つまり，この文は，構造的には，(c) の解釈では，John drew [the picture] in the attic. と分析され，(d) の解釈では，John drew [the picture in the attic]. と分析されるということになります。

類例 2: Bob left his van **with his fiancée**.
解釈: (e) ボブはフィアンセと一緒にバンから去った。
(f) ボブはバンにフィアンセを置き去りにした。

(e) の解釈では，Bob left [his van] with his fiancée. と分析され，(f) の解釈では，Bob left [his van with his fiancée]. と分析されるのは，上の例と同様です。

第 2 章　あいまい文を考える

37 like her sister のあいまい性

> Sally had not been to university **like her sister.**

解釈: (a) サリーは，彼女の姉が大学へ行ったのと同じようには，大学に行かなかった。
(b) サリーは，彼女の姉が大学へ行かなかったのと同じように，大学に行かなかった。

(a) の解釈は，意味的に，Her sister had been to university, but Sally hadn't. に相当することになります。つまり，「サリーの姉は大学へ行ったが，サリーは行かなかった」という意味解釈が得られます。この解釈の場合，この文が一つの音調フレーズ（a single intonation phrase）として読まれます。言い換えると，この文をとぎらせずに一挙に読んでしまうと，この解釈が採用されるということになります。一方，(b) の解釈は，意味的には Neither of them had been to university. に相当することになります。つまり，「サリーとサリーの姉の二人ともが大学に行かなかった」という意味解釈が得られます。なお，この解釈の場合，like her sister は，別個の音調フレーズ（a separate intonation phrase）として読まれます。したがって，この解釈の下では，like her sister は，Sally had not been to university と切り離されて発音されることになります。

類例: Sally had not, like her sister, been to university.
解釈: 上記の (a) と (b) と同じ。

この文に関しても，Sally had not been to university like her sister. と同様，上で見た (a) と (b) の両方の解釈が可能です。しかし，Sally, like her sister, had not been to university. に関しては，(b) の解釈，すなわち，「サリーとサリーの姉の二人ともが大学に行かなかった」の解釈のみが成立します。

38 entertaining のあいまい性

> Paul is **entertaining**.

解釈： (a) ポールは愉快な人だ。
(b) ポールは(客の)もてなしをしている。

(a) の解釈に対応する表現は、Paul is an entertaining person. で、(b) の解釈に対応する表現は、Paul is entertaining (guests). です。つまり、(a) の解釈の下では、entertaining は形容詞として解され、(b) の解釈の下では、entertaining は動詞として解されるわけです。

39 be relieved のあいまい性

> They **were relieved**.

解釈： (a) 彼らはほっとした。
(b) 彼らは責任[負担]を免じられた。

(a) の解釈に対応する言い替えは、They felt a sense of relief. で、(b) の解釈に対応する言い替えは、例えば、Other workers came to take their places. (他の働き手たちがやって来て彼らの代わりをした) のようになります。動詞 relieve が「〜を安心させる」の意味で解されると、(a) の解釈が得られ、また、「〜を責任[負担]から解放する」の意味で解されると、(b) の解釈が得られます。

40 for eight years のあいまい性

> Mike was jailed **for eight years**.

解釈： (a) 8年の間，マイクは捕まっては投獄され，捕まっては投獄された。
(b) マイクは，8年間，投獄されていた。

「同じ行為の繰り返し」を表しているのが(a)の解釈で，「一つの行為の結果」を表しているのが(b)の解釈です。すなわち，前者の解釈では，「マイクが捕まって投獄され，保釈された後，また捕まって投獄される」という事態が，8年間に渡って繰り返された，という解釈が成立するということです。一方，後者の解釈では，「マイクが捕まって投獄された事態が8年間続いた」，つまり「マイクは8年間刑務所に入っていた」ということになります。

また，例えば，run のような移動を表す動詞が，時間を表す副詞句 for an hour のような表現とともに用いられると，for an hour に「行為の結果」を表す解釈がなされます。したがって，例えば，John ran home for an hour. は，「ジョンは，走って家に帰り，1時間家にいた」を意味し，また，例えば，位置変化を表す send のような動詞と for ten days がともに用いられている，The company sent John the book for ten days. は，「会社はジョンにその本を送り，ジョンはその本を10日間借りた」を意味します。

類例： I went to New York **for three weeks**.
解釈： (a) 私は3週間(毎日)ニューヨークへ行った。
(b) 私はニューヨークへ行って(そこに)3週間滞在した。

for three weeks が「同じ行為の繰り返し」，つまり反復的移動を表すと考えると，(a)の解釈が得られ，for three weeks が移動後の状態を表していると解すると，(b)の解釈が得られます。

41 more 〜 than のあいまい性

> I know **more** intelligent women **than** Sue.

解釈: (a) 私はスーより知的な女性たちを知っている。
(b) 私が知っている知的な女性の数はスーが知っている知的な女性の数より多い。

(a) の解釈の下では，この文は，I know more intelligent women than Sue is. と解されていることになります。一方，(b) の解釈の下では，この文は，I know more intelligent women than Sue does. と解されていることになります。

42 a beautiful dancer のあいまい性

> Meg is **a beautiful dancer**.

解釈: (a) メグは優美に踊るダンサーだ。
(b) メグは美しいダンサーだ。

(a) の解釈の下では，この文に対応する表現は，Meg is a dancer who dances beautifully. で，(b) の解釈の下では，この文に対応する表現は，Meg is a dancer who is beautiful. ということになります。

類例: John is **a poor writer**.
解釈: (a) ジョンは貧乏な作家だ。
(b) ジョンは文を書くのがへただ。

43 hot のあいまい性

> **Hot**, I can't eat soup.

解釈： (a) 体がほてっていて，スープを飲むことができません。
(b) 熱いと，スープを飲むことができません。

　上のような文はくだけた表現（informal expression）ですが，何が hot なのかということで解釈が変わる例です。(a) のように，話し手自身が hot である解釈（because I am hot）と，(b) のように，スープが hot であるとする解釈のいずれもが成立します。

44　There is no escaping のあいまい性

> **There is no escaping** from this camp.

解釈： (a) この収容所から脱走などできるものではない。
(b) この収容所からの脱走は目下のところゼロである。

　(a) の解釈の下では，この文は，No one can escape from this camp. に相当します。他方，(b) の解釈の下では，この文は，No escapes are (currently) made from this camp. に相当します。この文の escaping を動詞の意味合いが強く感じられる動名詞ととらえると，「脱走できない」の解釈が得られ，名詞の意味合いが強く感じられる動名詞ととらえると，「脱走がない」の解釈が得られます。

45 fired the clerk with enthusiasm のあいまい性

The shopkeeper **fired the clerk with enthusiasm**.

解釈： (a) 店主はその仕事熱心な店員を首にした。
(b) 店主はその店員に仕事に対する熱心さを植え付けた。

一つの解釈は，別の英語で言い替えると，The shopkeeper dismissed the clerk who had enthusiasm. になり，(a)の日本語に対応します。もう一つの解釈は，別の英語で言い替えると，The shopkeeper instilled enthusiasm in the clerk. になり，(b)の日本語に対応します。

46 John took her picture. のあいまい性

John took her picture.

解釈： (a) ジョンは彼女の写真を撮った。
(b) ジョンは彼女が描かれている絵を持ち逃げした。
(c) ジョンは彼女の(ものである)絵を持ち逃げした。

(a)の解釈に対応する英語は，John photographed her., (b)の解釈に対応する英語は，John made off with the pictorial representation of her., そして(c)の解釈に対応する英語は，John made off with the picture belonging to her. ということになります。

もちろん，どの解釈が選択されるのかは，場面や文脈次第になることは言うまでもありません。

第 3 章

基本単語の意味を考える

1 accident

He sometimes has little **accidents**.

訳：彼は時々そそうをする。

　もちろん，accident は「事故」の意味で用いられることが圧倒的に多く，Careless driving causes *accidents*. (不注意な運転は事故のもとになる) や There were nine *accidents* last week. (先週9件の事故があった) のように使われます。

　また，accident には「偶然」の意味もあり，It was just by *accident* that we met at the airport. (空港で私たちが出会ったのは全くの偶然だった) のように用いられます。

　しかし，accident には「事故」「偶然」に並んで「おもらし」に相当する意味もあります。したがって，He sometimes has little *accidents*. は「彼は時々おもらしをする」ということを意味します。また，「うちの5歳の坊やはまだ時々おねしょ[お漏らし]をします」は Our five-year-old boy still wets himself occasionally. のように表現できます。

関連表現：

　「そそう」は「不注意によるあやまち・失敗」あるいは「作法や行儀において他人に迷惑をかけたり，不快にさせるような過ち」も意味します。例えば，「『お客様にそそうのないように』とマネージャーは言った」は "See that our customers are well attended to," said the manager.，「『彼女の家に行ったらそそうのないように行儀よくしていなさいよ』と彼女は息子に言った」は She said to her son, "Don't forget your manners when we visit her house." などのように言うことができます。

2 age

> I met her yesterday for the first time in **ages**.

訳：私は昨日ずいぶん久しぶりに彼女に会いました。

for the first time in ages で一つのフレーズを成していて，「ずいぶん久しぶりに」を意味します。age の第一義は「年齢」「年」で，例えば，He died at the *age* of 93.（彼は93歳で亡くなった），He looks young for his *age*.（彼は年の割に若く見える），She's my *age*.（彼女は私と同い年です）のような表現がよく使われます。

しかし，くだけた話し言葉では，age は「長い間」(a long time) の意味でもよく用いられます。例えば，「ずいぶん長いこと会わなかったね」は It's *ages* [an *age*] since I saw you last.，あるいは I haven't seen you for [in] *ages*. と表現されます。

関連表現：

同じ「久しぶり」でもほかに違った表現があります。「久しぶり！」は Long time no see. がくだけた会話で使われます。「久しぶり」にはほかに，It's been a long time since I saw you last. や I haven't seen you for a long time. もあります。その他，「雨が6週間ぶりに降った」は It rained for the first time in six weeks.，「彼女は久しぶりに家に帰った」は She returned home after a long absence.，「その母と娘は久しぶりに顔を会わせた」は The mother and daughter met after a long separation.，「久しぶりに彼女からEメールがあった」は I got an E-mail message from her after a long silence. となります。

3 attack

> The boy **attacked** a hot dog as if he had not eaten for days.

訳：何日も物を食べていなかったかのようにその少年はホットドッグにかぶりついた。

attack の第一義は「～を攻撃する」で，例えば，The rebel army *attacked* the city this morning.（反乱軍は今朝その都市を攻撃した），A drunk man *attacked* James in the park last night.（昨晩公園で酔っ払いがジェームスを襲った）のように使われます。

また，「～を非難する」「こきおろす」の意味で，He *attacked* her idea as unrealistic.（彼は彼女の考えを非現実的だとこきおろした）のように使われますが，上の文に見られるように attack はおどけて，「（食事などに）かぶりつく」という意味で用いられることがあります。

さらに，「（仕事や問題に精力的に）取り組む」の意味で，They *attacked* the difficult task immediately.（彼らはただちにその困難な仕事に取りかかった）のように attack が使われることもあります。

関連表現：

「かぶりつく」は，take a big bite of ～ で表現することもできます。「彼はその桃を一口大きくがぶりと食べた」は He took a big bite of the peach.，「その子供はそのハンバーガーにがぶりとかぶりついた」は The child took a big bite of the hamburger. のように表現されます。

ちなみに，次のような表現も確認しておきましょう。

「彼はチョコレートをむしゃむしゃ食べていた」He was munching (on) chocolate.

「彼は朝食をがつがつ食べた」He wolfed down his breakfast.

「彼女はピザを全部平らげた」She demolished a whole pizza.

4 attitude

What is your **attitude** to her plan?

訳：彼女の計画に対するあなたの意見はいかがですか。

学校では，attitude は「態度」「心構え」の意味で，まず紹介されます。そして，実際この意味でよく使われています。例えば，She takes a friendly *attitude* toward me.（彼女は私に対して親しげな態度をとります），She has a distant *attitude* toward me.（彼女は私に対してよそよそしい態度をとります），That's the *attitude*.（そういう心構えが大切なんだよね）のように用いられます。

しかし，attitude には「意見」「考え方」の意味もあるので，併せて確認しておきましょう。よく疑問文の中でこの意味の attitude が用いられます。一例追加しておきます。

What is your *attitude* to [toward] the problem?（その問題についてあなたはどう思いますか）

関連表現：

「意見」というと opinion が最も一般的な単語でしょう。例えば，「このことに関するあなたの意見は？」は What's your opinion on this matter?,「私の意見では」は in my opinion となります．

また，view も「意見」の意味で，例えば，「彼らは正反対の意見を述べた」は They gave diametrically opposite views.,「彼の意見は行き過ぎだ」は He has extreme views. のように表現されます。

さらに，version も「意見」の意味で用いられることがあります。この単語は何らかの出来事や事件の当事者に対して，What's your version of the incident?（その事件についてあなたの意見はいかがですか）のように使われます。

5 bag

> The jazz player has **bags** under his eyes.

訳：そのジャズ演奏者は目の下がたるんでいる。

bag と聞くとすぐに心に浮かぶ意味は,「かばん」「袋」だと思われます。「ビニール袋」は a plastic *bag*,「ランドセル」は a school *bag*,「紙袋」は a paper *bag* ですが, 上の文中の bags は「目の下のたるみ」を意味します。普通は, この意味では複数形の bags が用いられます。

ちなみに, くだけた英語では, bag は「得意なこと」「興味があること」あるいは「性に合うこと」の意味で用いられることもあります。例えば, Sorry, it's not my *bag*.（せっかくだけど, それは得意[好き]じゃないんだ）のように使われます。この意味では, 普通, 否定文の中で one's bag が使われます。類例をもう一つ。

Poetry isn't really my *bag*.（詩は本当に興味がないね）

関連表現：

成功などが確定していたり保証されている時に, くだけた会話では, be in the *bag*（確かである, 保証されている）の決まり文句が用いられることがあります。例えば, 何かの試合をしていて勝利を確信したなら, We've got it in the *bag*.（もうこっちのものだ）, あるいは This game is in the *bag*.（この試合はいただきだ）のように言います。

もう一つ bag を含む let the cat out of the *bag* を挙げておきましょう。これは「うっかり秘密を漏らす」を意味する決まり文句で, Meg's birthday party is a surprise, so don't let the cat out of the *bag*.（メグの誕生日パーティーはサプライズだから, 秘密を漏らさないようにしてね）のように用いられます。

6 ball

> I really had a **ball** last night.

訳：昨夜私は本当に楽しい一時を過ごしました。

　ball という単語を耳にすると，まず最初に「球」「ボール」を思い浮かべるでしょう。しかし，ここでの ball は「球」を意味する ball とは語源を異にします。この ball は，ラテン語の ballare（踊る）に由来し，「舞踏会」や「楽しい一時」を意味します。「踊ること」は楽しいことであり，「舞踏会を経験する（have a ball）」ことはまさに have a good time とイコールである，という発想が背景にあるものと考えられます。

関連表現：

　「楽しかったです」といってもいろいろな表現が可能ですが，よく使われる表現を以下にいくつか挙げておくことにしましょう。I had a good [great] time., I had a lot of fun., It was fun., I enjoyed myself. などがあります。楽しかったことを強調して述べるとすれば，I had a really great time., I really enjoyed myself., It was really terrific. などがあります。

　反対に，「大変な思いをする」「苦労する」「辛い思いをする」は，have a hard time, have a tough time, あるいは have a terrible time で表現されます。「なかなか英語で話が通じずに苦労した」は I had a hard time making myself understood in English.，「彼女を説得して来させるのに一苦労した」は I had a tough time persuading her to come.，「彼女にひどい目にあわされた」は She gave me a hard time. となります。

7 beauty

> That's the **beauty** of it.

訳：そこがいいところだ。／そこがすぐれたところ［美点］だ。

　beauty は beautiful の名詞形ですから，その第一義は「美」「美しさ」であり，例えば The national park is famous for the *beauty* of its nature.（その国立公園は自然の美しさで有名だ）のように用いられます。ことわざには，*Beauty* is only skin-deep.（美貌は皮一重）や *Beauty* is in the eye of the beholder.（美しさは見る人の目の中にあり）があります。

　さて，上の文の beauty に関してですが，beauty には「長所」「美点」の意味もあり，That's the *beauty* of it. という表現は，ある事柄について話していて，その長所を述べる時の決まり文句として使われます。一例を追加しておきます。

　The business can be started up with just a little capital; that's the *beauty* of it.（その仕事ならわずかな資金で始められます。そこがいいところなんですよ）

関連表現：

　「いいところ」といっても，例えば，人について「彼にはなかなかいいところがあるよ」は He has some good qualities.，「彼女には何もいいところがない」は I see nothing good in her. のように表現されます。

　また，「長所」は a strong point，また「短所」は a weak point で，例えば，「人それぞれ長所と短所がある」は Everyone has their own strong points and weak points.，「彼の長所は親切なところで短所は頑固なところだ」は His strength is his kindness and his weakness is his stubbornness. のように言うことができます。

8 bench

> He's been sitting on the **bench** for ten years.

訳：彼は10年間裁判官の職を勤めてきました。

benchという単語を耳にすると，あの座る「ベンチ」を思い浮かべる人が大半でしょう。あるいは，野球などのスポーツ用語としての「ベンチ」「選手席」が思い出されるかもしれません。しかし，benchには「裁判官の席」，あるいは集合的に「裁判官の職」「裁判所」の意味もあります。「裁判官として働く」は，成句的にserve [sit] on the *bench* というフレーズがあります。したがって，He's been sitting on the *bench* for ten years. の意味は上の日本語訳のようになります。

関連表現：

ここで裁判に関係するいくつかの表現を見ておくことにしましょう。

「彼女は彼を名誉毀損で訴えた」She sued him for defamation.

「出廷する」appear in court あるいは appear before a judge

「被告を有罪[無罪]と判決する」judge the accused guilty [innocent]

「裁判官は彼に終身刑を宣告した」The judge pronounced a life sentence on him.

「裁判官は彼女に有罪判決を下した」The judge ruled that she was guilty.

「裁判官は彼の異議を認めた」The judge sustained his objection.

「裁判は原告の勝訴となった」The plaintiff won the case.

「裁判は被告の敗訴となった」The defendant lost the case.

9 bird

> They gave the singer the **bird**.

訳：彼らはその歌手をやじった。

　文字どおりには「彼らはその歌手にその鳥をあげた」という意味になりますが，give＋人＋the *bird* には，「～(人)をやじる」という意味もあります。つまり，上の文のように the *bird* が「(観客や聴衆がたてる)あざけりの声」「やじ」を意味することもあるということです。

　また，They booed the singer. も「彼らはその歌手をやじった」を意味します。「ブーイング」は日本語になっていると思われますが，booing の原形が boo というわけです。

　アメリカ英語では，the bird は中指を立てた侮辱のしぐさを意味します。ついでながら，get the *bird* は「(英)やじられる」「(米)(中指を立てて)侮辱される」の意味で使われます。

関連表現：

　heckle も「やじる」を意味する動詞ですが，これは選挙運動などで演説者を質問攻めにしたり，侮辱的なことを言って演説の妨害をすることを意味します。例えば，He was booed and heckled throughout his speech.（彼は演説の間中やじられぶしつけな質問で困らされた）のように表現されます。ちなみに，「やじ」は heckling,「やじる人」は heckler です。例文を挙げておきましょう。

　「ひっきりなしのやじで，彼はスピーチを続けることができなかった」There was constant heckling and he couldn't continue his speech.

　「彼は演説中にやじにとても悩まされ，演壇から降りざるを得なかった」He was much annoyed by hecklers during his speech and was forced to get down from the platform.

10 blow

> Meg **blew** her chances by acting carelessly in the interview.

訳：メグは面接で軽率な行動を取ってチャンスをふいにしてしまった。

　blow という動詞は，例えば，The wind is *blowing* hard.（風が激しく吹いている），あるいは Her hair is *blowing* in the wind.（彼女の髪が風になびいている）のように使われるのが一般的です。しかし，*blow* one's chances の blow は「ふいにする」の意味で用いられます。

　ちなみに，*blow* one's nose は「鼻をかむ」を意味しますが，英米では音を立てても失礼に当たりませんので，英米人のいる場所では思いきり音を立てて鼻をかんでも問題はないということになりそうです。もっとも，日本ではあまり大きな音を立てて鼻をかんでいるとひんしゅくを買いそうですが...。

関連表現：

　「チャンスを逃す」は miss a chance [an opportunity]，あるいは let a chance [an opportunity] slip の表現が用いられます。例えば，She consoled him for missing his chance to get promoted.（彼女は昇進のチャンスを逃したことに対して彼を慰めた），He let the good opportunity slip through his fingers.（彼はその好機を逃してしまった）のように表現されます。

　「チャンスを逃す」の反対の「チャンスをつかむ」は get a chance で，例えば，He finally got a chance to make his dream come true.（彼はとうとう自分の夢をかなえるチャンスをつかんだ）のように表現されます。

　また，「絶好のチャンス」は a golden opportunity が対応し，「これは私にとって絶好のチャンスだ」は，This is a golden opportunity for me. となります。

第 3 章　基本単語の意味を考える

11 book

> I've **booked** a table at the restaurant.

訳：そのレストランにテーブルの予約をしています。

book と言えば「本」が第一義ですが，上の例文では book は動詞で，「予約する」の意味で用いられます。例えば，「列車の座席を予約する」は *book* a seat on a train，「ロンドン行きの切符を予約する」は *book* a ticket for London，「私はホリデーインに彼女の部屋を予約してあげた」は I *booked* her a room at the Holiday Inn., あるいは I *booked* a room for her at the Holiday Inn. のように言います。

関連表現：

「ホテルの予約を取る」は get a hotel reservation，「ホテルの予約を取っている」は have a hotel reservation，また，ホテルの名前を明示する場合は，例えば「ABC ホテルに部屋を予約する」は reserve a room at the ABC Hotel，あるいは make a reservation for a room at the ABC Hotel のように言います。「ABC ホテルに部屋を予約している」は，have a reservation for [at] the ABC Hotel，あるいは have a room reserved at the ABC Hotel となります。

また，「医者に予約をしている」は have a doctor's appointment，「歯医者に予約をしている」は have a dental [dentist] appointment，「(歯)医者に予約を取る」は make an appointment with the doctor [dentist] のように表現されます。

12 bottle

> We talked over a **bottle** last night.

訳：昨晩私たちは酒を飲みながら話した。

bottle の第一義は「びん」「ボトル」で，通例ガラスまたはプラスチック製で口が細くなっているものを言います。しかし，bottle には「酒」や「(習慣的)飲酒」の意味もあります。

そして，over a [the] *bottle* は「酒を飲みながら」を意味します。ちなみに，この over の使い方を応用すると，She chatted with her classmates about the baseball game over coffee. (彼女はコーヒーを飲みながら野球の試合についてクラスメートと歓談した)となります。その他，over tea や over wine なども「お茶を飲みながら」「ワインを飲みながら」の意味で使うことができます。

be on the *bottle* は「酒びたりである」を意味し，例えば，Mike is on the *bottle* this week. (今週マイクは酒びたりだ)や Just after he'd said he would go on the wagon, he was back on the wagon. (禁酒をすると言った舌の根も乾かぬうちに，彼はまた酒を飲み始めた)のように用いられます。なお，「酒をやめている」は be off the *bottle* です。

hit the *bottle* は「大酒を飲む」を意味し，例えば，George was really hitting the *bottle* last night. (ゆうベジョージはまさに大酒を飲んでいた)のように使われます。また，慣用表現に drink like a fish (大酒を飲む)もありますので併せて確認しておきましょう。さらに，「酒におぼれる」は take to the *bottle* が対応し，John took to the *bottle* out of despair. (ジョンは絶望して酒におぼれた)のように表現されます。

ちなみに，パーティーの案内などでは BYOB という略語が使われることがありますが，これは bring your own *bottle* を略したもので，「各人が自分が飲む酒を持ち寄ること」を意味します。

13 bright

> She is a **bright** girl.

訳：彼女は頭のよい少女です。

bright という単語は、学校ではまず「明るい」の意味で学びます。例えば、The moon is *bright* tonight.（今夜は月が明るい）、あるいは Look on the *bright* side of things.（物事の明るい面を見なさい）のように使われます。

しかし、bright は上の She's a *bright* girl. や He's a *bright* student.（彼は頭のよい学生だ）のように、「利口な」「賢い」「頭のよい」の意味でもよく使われます。bright は常によい意味で用いられます。

関連表現：

a wise man は知識と経験に基づく正しい判断ができる人を表します。a clever man も頭のよい人を意味しますが、アメリカ英語では要領のよさ、抜け目のなさを含意する軽蔑的な意味合いで使われることが多く、上の bright や smart がほめ言葉として用いられています。しかし、イギリス英語では clever がほめ言葉で、smart は悪賢さを含意するマイナスの言葉として用いられています。

このようにアメリカ英語とイギリス英語の違いもあり、それぞれの形容詞の使い方がまぎらわしいのですが、bright に加えて、intelligent と brilliant はいつでもよい意味で用いられます。したがって、誰かの利口さ、頭のよさについてよい意味で述べる場合には、これらの形容詞を使うのが無難であることになります。

上で見た形容詞に加えて、頭の回転のよさを表す quick や知能の高さを示す brainy（= very intelligent）のような形容詞もあります。

14 business

> He said he would like to run a **business** in the future.

訳：彼は将来会社を経営したいと思っていると言った。

business は，学校ではまず「仕事」の意味で習いますが，「会社」「店」の意味でもよく用いられます。例として，My uncle owns a small *business* in Tokyo.（私の叔父は東京に小さな店を持っています），He started a small travel *business*.（彼は小さな旅行会社を設立した）を挙げておきます。

ちなみに, business には「干渉すべきこと」「関わり合いのあること」の意味もあり，この意味でもよく使われます。例えば，Mind your own *business*.（余計なお節介はけっこうだ）や，(It's) none of your *business*.（君の知ったことではない）などのように表現されます。

関連表現：

「会社」に相当する単語に firm もあります。例えば，「彼は大きな会社に勤めている」は He works for a big firm. と表現されます。corporation も「会社」を意味しますが，これは法人組織になっている会社のことを指します。また, company, house, outfit なども「会社」の意味で用いられますが，outfit はくだけた場面で使われる単語です。ちなみに，「出版社」は a publishing company [house]，「証券会社」は a stock broker あるいは a (stock) brokerage firm,「カメラのメーカー」は a camera company [manufacturer],「化粧品会社」は a cosmetics company,「製薬会社」は a drug [pharmaceutical] company,「鉄道会社」は a railroad company,「電機会社」は an electric machinery company,「運送会社」は a mover あるいは a moving company のように言います。

15 buy

> I'm afraid I just can't **buy** that explanation.

訳：その説明はどうも納得いかないね。

　動詞 buy は、くだけた話し言葉では、accept（受け入れる）や believe（信じる）の意味で使われることがあります。日本語でも「努力を買う」のように、「認める」の意味で「買う」が使われることがありますが、英語の buy もそれと似た発想であることになります。英語の場合は「説明」「意見」「申し出」「提案」などを「受け入れる」の意味で、buy が用いられます。ほかに例を挙げておきましょう。

　OK. I'll *buy* that.（よしわかった。信用しよう）
　I'll *buy* that suggestion.（その提案を受け入れよう）

関連表現：

　日本語の「買う」にもいろいろな使われ方がありますが、次の各例を英語で表現してみましょう。

　「私は彼女を高く買っています」I have quite a high opinion of her.

　「君の努力は買うけど、まだまだだと思うね」I'll give you credit for trying, but I think you have a long way to go.

　「私は彼女の反感を買うようなことをした覚えがありません」I can't think of anything I could have done to antagonize her.

　「そんなつもりはなかったのですが、彼の怒りを買ってしまいました」I didn't mean to, but I made him angry.

　「彼の行儀の悪さはきっとひんしゅくを買うだろうね」His bad manners will surely be frowned upon.

16 carry

> Her voice **carried** through the hall.

訳：彼女の声はホールのいちばん奥まで通った。

　動詞 carry というと他動詞の「運ぶ, 運送する」の意味がすぐに頭に浮かぶと思いますが, この文のように, carry は自動詞で声や弾丸などが「届く」の意味で用いられることがあります。類例を挙げておきましょう。

His voice *carried* clearly across the lecture room.（彼の声は講義室の端から端まではっきりと通った）

　また, 通例は進行形の be carrying の形で, carry が「妊娠している」の意味で用いられることもあります。例えば, I didn't notice she was *carrying* a baby when I met her.（彼女に会った時彼女が妊娠していることに気がつかなかった）のように表現されます。

関連表現：

　「声の届く所に」は within earshot,「声の届かない所で」は out of earshot で表現できます。例えば, He was born within earshot of Bow bells. は「彼は生っ粋のロンドン子だ」を意味します。この文の直訳は「ロンドンの中央にある Bow 教会の鐘の音が聞こえるところで生まれた」ですが, 言わんとしている内容は, 生っ粋のロンドン子であるということです。また,「サリーがそのグループの声の届くところにやって来た時, 自分の名前が話に出ているのが聞こえた」を英語にすると, As Sally came within earshot of the group, she heard her name mentioned. となります。

第3章　基本単語の意味を考える

17 cast

> He has a **cast** on his arm.

訳：彼は腕にギプスをはめている。

　名詞の cast には「ギプス」の意味があります。これは正確には plaster cast と言いますが，普通は cast だけで表現されることが多いです。日本語の「ギプス」はドイツ語の Gips から来ています。

　では，ここで cast の使い方を確認しておきましょう。「ギプスをはめる[はずす]」は wear [remove] a *cast*，「足にギプスをはめて」は with a *cast* on one's leg，「～の足をギプスにはめる」は put one's leg in a *cast* のように表現します。

　また，名詞の cast には演劇や映画における「キャスト」「配役」の意味もあることはよく知られていますが，ここでは次の例を確認しておきましょう。

　a musical film with an all-star *cast*（スター総出演のミュージカル映画）

　Tom Cruise heads the *cast* of this movie.（トム・クルーズがこの映画の主演だ）

関連表現：

　カタカナ英語に対応する英語をいくつか確認しておきましょう。

　「カンニング」cheating,「クーラー」an air conditioner,「クリーニング」laundry,「サイン」autograph,「トランプ」cards,「バイキング」smorgasbord,「(自動車の)ハンドル」a steering wheel,「(自転車の)ハンドル」a handlebar,「ガードマン」a security guard,「ヒアリング」listening comprehension,「ボールペン」a ball-point pen,「分譲マンション」condominium,「ベースアップ」pay raise,「クレーム」complaint,「ムード」atmosphere

18 catch

> The rent is only $25 a month—there must be a **catch** somewhere.

訳: ひと月につき家賃が25ドルだなんて、どこかに落とし穴があるに違いない。

　名詞のcatchの第一義は「捕らえること」「捕球」で、例えばplay *catch*（キャッチボールをする）、miss a *catch*（(球を)受けそこなう）のように用いられますが、上の文のように「落とし穴」「わな」の意味もありますから、しっかり覚えておきましょう。

　ちなみに、catchには「掘り出し物」「(財産・地位・容姿などから見て)結婚したいような相手」という意味もあり、併せて確認しておきましょう。例文を挙げておきます。

　He is young, rich and handsome—the traditional definition of a "good *catch*."（彼は若くて金持ちでハンサムで、いわゆる「理想的な結婚相手」の伝統的な定義である）

　Tom is a good *catch* for Meg.（トムはメグにとって結婚相手としていい人だ）

関連表現:

　鳥や獣を捕らえるためのバネじかけの「わな」はtrapで、例えば、「わなでウサギを捕まえる」はcatch rabbits in a trap、「ネズミ取り器を仕掛ける」はset a mouse trap、「〜をわなにおびき寄せる」はlure ~ into a trapのように表現されます。

　また、比喩的にtrapが使われることもあり、例えば、That's too good to be true. Be careful not to fall into a trap.（話がうますぎますね。落とし穴にかからないように気をつけなさい）のように表現されます。

19 charm

> She was wearing a **charm** against evils.

訳：彼女は災難よけのお守りを身につけていた。

　名詞の charm というと、「魅力」という意味がすぐに思い浮かぶかもしれませんが、この単語には「お守り」「まじない」「呪文」「魔法」の意味もあります。もっとも英語の charm は日本のお守りとは違い、金銀細工のネックレスやブレスレットにつけるのが普通です。charm を含む例を挙げておきましょう。「家の屋根にこれを置いておくと、災難よけのまじないになるそうです」は、They say if you put this on the roof of your house, it will act as a *charm* against misfortune. のように表現されます。また、「呪文を唱える」は recite a *charm* と言います。

　ちなみに charm の形容詞形の charming についてですが、英語ではこの形容詞は女性だけでなく男性にも用いられ、例えば a charming girl は「魅力のある娘」を、また a charming young man は「魅力的な[愛想のよい]青年」を意味します。

　「呪文」「まじない」を意味する単語には、charm のほかに spell もあります。また、spell も「魔法」「魅力」の意味で使われることがあります。以下の例文で確認しておきましょう。

　The wizard recited a spell.（魔術師は呪文を唱えた）

　The witch cast a spell on him, turning him into a spider.（魔女は彼に魔法をかけてクモに変えた）

　I fell under the spell of the book.（その本の魅力にとりつかれた）

　The spell was broken and he returned to his natural shape.（魔法が解けて彼は人間の姿に戻りました）

20 cheek

> He had the **cheek** to ask me to lend him some more money.

訳：彼は厚かましくもさらにもっとお金を貸してくれと私に言った。

　cheek の第一義は「頰」で，例えば She kissed me on both *cheeks*.（彼女は私の両方の頰にキスをした）のように使われるわけですが，「頰」以外に「ずうずうしさ」「厚かましさ」「厚顔」「生意気（な言動）」の意味があります。

　cheek の形容詞形は cheeky で，a cheeky boy は「生意気な少年」，It was cheeky of him to say that. は「あんなことを言うなんて彼もずうずうしいね」を意味します。

関連表現：

　「彼は厚かましいセールスマンだ」は He's a pushy salesman. のように言いますが，これは強引に物を売ろうとする押しの強いセールスマンの描写ということになります。

　また，nerve にも「ずぶとさ」「厚かましさ」の意味があり，「彼は厚かましくもここにまる1週間泊まった」は He had the nerve to stay here for a whole week.，「彼女ときたら，何とずうずうしい」は The nerve of her!，「何てずうずうしいんでしょう！」は What a nerve! のように言います。

　さらに，gall も nerve と同様，「ずぶとさ」「厚かましさ」の意味で用いられることがあります。一例を挙げておきましょう。

　She had the gall to say that.（彼女は厚かましくもそんなことを言ったんだよ）

21　chemistry

> We have good **chemistry**.

訳：私たちは相性がいい。

　chemistry というと，学校ではまず「化学」の意味で学習しますが，「相性」の意味で使われることもあります。「相性」の意味の chemistry を用いた例文を重ねておきましょう。

　My *chemistry* with him is terrible.（彼とは生理的にてんで合わない）

　The *chemistry* between Harry and Lucy is good [bad].（ハリーとルーシーは相性がいい[悪い]）

関連表現：

「彼らは相性がいいようですね」They seem to get along well together.

「私は占い師に彼と私の相性を占ってもらった」I asked a fortune-teller whether he and I were compatible.

「クリスとはどうも相性が悪かったですね」I didn't hit it off well with Chris.

「どうもこのテニスラケットとは相性がよくありません」I don't seem to be having any luck with this tennis racket.

「彼らは出会った時から相性がよくなかった」They didn't get good vibes from the moment they met.

「エリックとローズは相性がいい」There are good feelings between Eric and Rose.

22 circuit

> I ran ten **circuits** of the track.

訳：私はトラックを 10 周走った。

　circuit は,「自動車レース場」「サーキット」の意味で最もよく覚えられているかもしれませんが, この単語の第一義は「一周」「一巡」であることをここで確認しておきましょう。例えば, We made a *circuit* of the pond.（私たちは池のまわりを一周した）, The Space Shuttle completes its *circuit* of the earth in two and a half hours.（スペースシャトルは 2.5 時間で地球を一周する）のように使われます。

　また,「私はトラックを 10 周走った」は I made ten rounds of the track. のように表現することも可能です。さらに,「スペースシャトルが地球の周りを 3 周した」は The Space Shuttle orbited the earth three times.,「(スペースシャトルが軌道に乗って) 3 周目に彼は無線で大統領と話した」は On his third orbit, he spoke on a radio hookup with the President. となります。

　ちなみに, circuit には「回路」「回線」の意味もあり,「テレビ回線」は a TV *circuit*,「ショート」は a short *circuit*,「電気回路がショートした」は The *circuit* shorted. と表現されます。

🔴関連表現：

　lap には「(走路の) 一周」「(水泳の) 一往復」の意味があり, 通例, 陸上競技や水泳などの競技用語として用いられます。例えば, How many laps did he run around the track?（彼は何周トラックを走りましたか）, Three laps to go.（残りあと 3 周）, She swam 12 laps.（彼女は (プールを) 12 往復泳いだ）などのように使われます。

23 class

> She's got **class**.

訳：彼女には気品がある。

　class というと「学級」「授業」の意味が真っ先に頭に浮かぶでしょう。しかし，class には「品位」「気品」の意味もあります。上の文では，class の前に冠詞が使われていないことに注意しておきましょう。もし不定冠詞の a を伴うと She's got a *class*. となりますが，そうするとこの文は「彼女は授業がある」と解釈されます。

　また，この class は形容詞的に「優秀な」「上品な」「高級な」の意味でも用いられます。例えば，a *class* magazine（格調高い雑誌），a *class* hotel（一流ホテル），a *class* actress（ずばぬけた女優）などのように表現されます。

　She has style. も「彼女には気品がある」を意味します。これは She has *class*. と並んでよく使われる表現です。もう少し詳細に述べると，容姿，服装，ヘアスタイル，身のこなしに言及するのが style で，容姿，服装，ヘアスタイルや身のこなしにも言及するが，態度や振る舞いを一番強調するのが class ということになります。

関連表現：

　class の形容詞は classy ですが，これも「高級な」「すぐれた」「上流の」などの意味を表し，何かについて上品で洗練されていることを言うのに使われます。例えば，上で見た class の形容詞的用法と並んで，a classy hotel, a classy actress のような表現があります。

　ちなみに，「一流大学」は a first-rate [top-ranking] university,「一流会社」は a leading [first-rate] company です。

24 classic

> Andrew Carnegie is a **classic** example of the self-made man.

訳：アンドリュー・カーネギーは独力で大成した人物の典型的な例である。

　形容詞の classic というと，「(芸術品などが) 第一級の」「古典的な」という意味でまず学習しますが，「典型的な」という意味もあり，a *classic* example [case] の形でよく用いられます。

　また，名詞の classic は「(シンプルなデザインで) 流行に左右されない衣服，ドレス」や「(1925–42 年型のアメリカの) クラシックカー」の意味で使われます。ついでながら，「クラシック音楽」は classical music であって，*classic music とは言わないことも，ここで確認しておきましょう。

関連表現：

　「典型的な」を意味する形容詞は typical で，This is a typical mistake with Japanese speakers of English.（これは日本人が英語を話す時にやる典型的な誤りです），あるいは He's a typical businessman.（彼は典型的な実業家だ）のように使われます。

　また，「～らしい」の意味で，It's typical of her to do so.（そんなことするなんていかにも彼女らしいですね），あるいは，A: He's late again.（彼はまた遅刻です）B: Typical!（いつものことさ）のように間投詞的に用いられます。

25 coach

> They traveled a great deal by **coach**.

訳：彼らはあちらこちらをバスで旅行した。

　coach は，例えば，Johnson has been a *coach* since he retired.（ジョンソンは引退してからはコーチをしている），あるいは Before the game, the *coach* called the players together and fired them up.（試合前に，コーチは選手を集めて気合いを入れた）のような文に見られるように，「指導者」「コーチ」の意味でよく用いられる馴染みの深い単語と言えるでしょう。日本語でも，「コーチ」は日常で頻繁に聞かれる単語になっています。しかし，英語の coach は日本語の「コーチ」と発音が違いますから注意を要します。ここではあえてカタカナを用いて表記すると，coach は「コ」に強勢を置いて「コウチ」と発音するのであって「コーチ」ではないということです。また，coach は動詞として，Mr. Smith *coaches* a football team every Friday.（スミス氏は毎週金曜日にサッカーチームを指導している），Mr. White *coached* my daughter in English when she was a high school student.（ホワイト先生は娘が高校生の時に彼女に英語を教えてくれました）のように使われることも確認しておきましょう。

　以上のように，馴染みの深い coach ですが，coach には「バス」「長距離バス」の意味もありますから注意が必要です。この単語は，もともと「馬車」を意味していました。coach はハンガリーの Kocs という村の名前に由来しており，その村で最初の kocs carts（コクスの荷馬車）が 1475 年頃に作られたと言われています。現代では「馬車」の代わりをするものが「バス」というわけでしょう。「バス」「長距離バス」を意味する coach の別の例を挙げておきましょう。

　We made a *coach* tour of England.（私たちはイングランドを長距離バスで旅行した）

　We made our journey by *coach*.（私たちは長距離バスで旅行した）

26 coat

> He gave the wall two **coats** of paint.

訳：彼は壁にペンキを2度塗った。

 coatという単語を耳にするとすぐに思い浮かぶ意味は,「上着」「コート」でしょう。これらの意味を表す例文をいくつか見ておきましょう。

 He had a new *coat* on.（彼は新しい上着を着ていた）
 This tie doesn't go with your *coat*.（このネクタイはあなたの上着には合わない）
 She was walking with her fur *coat* over her arm.（彼女は毛皮のコートを腕にかけて歩いていた）

 以上のようなcoatの使われ方が最も多いと思われます。

 しかし, coatには「(ペンキやニスなどの)塗り」「塗装」「めっき」の意味もあります。He applied two *coats* of paint to the wall. と言っても,上の文とほぼ同じ意味内容を表すことができます。「(一度だけ)壁にペンキを塗る」は give the wall a *coat* of paint,「壁にペンキを3回塗る」は give the wall three *coats* of paint で表現されます。

 さらに, coatには「(動物の)毛皮, 被毛」「(植物の)樹皮, 果皮」の意味もあることを言い添えておきましょう。例えば,「熊は厚い毛皮で身を包んでいる」は, Bears have a thick *coat* of fur,「タマネギの皮」は the *coats* of an onion といった具合です。

 ついでながら, 動詞のcoatは「(〜の)表面を覆う」「(〜に)(...を)塗る」「(〜に)(...で)フライの衣をつける」の意味もあり, 例えば, The old bicycle was *coated* with dust.（その古い自転車はほこりをかぶっていた）, The casket is *coated* with gold leaf.（その小箱には金箔が塗られている）, She *coated* the onions and potatoes in flour then fried them.（彼女はタマネギとジャガイモに小麦粉の衣をつけて揚げた）のように使われます。

第3章 基本単語の意味を考える

27 color

> She showed her true **colors**.

訳：彼女は本性を現した。

　color と聞けば、ただちに「色」という日本語が頭に浮かぶでしょう。しかし、color には「国旗」「軍旗」「船舶旗」の意味もあり、普通は複数の colors の形で用いられます。例えば、They saluted the *colors*.（彼らは国旗[軍旗]に敬礼した）のように使われます。

　さて、上の英文についてですが、これは show one's true *colors* という慣用表現を含んでおり、「彼女は本性を現した」「彼女はぼろを出した」を意味します。show one's true *colors* の本来の意味は、「にせの国旗を掲げた船が本当の国旗を掲げる」ということです。そこから、「本性を現す」という意味で用いられるようになっています。

　また、ついでに with flying *colors*（見事に、立派に）という表現についても見ておきましょう。この表現は、試験などでうまくいった時によく使われます。例えば、I passed the exam with flying *colors*.（見事にその試験に合格しました）のように用いられます。

関連表現：

　ラテン語の In vino veritas という表現が英語に入り、これは Wine reveals one's real nature. と表現されています。この表現は「酔うと本性が出るものだ」を意味します。「それが彼女の本性だ」は That's just the way she is. のように表現されます。ちなみに、「〜の本性」は one's true colors 以外の表現としては、one's true character [nature] があります。

　「本性を現す」の反対の意味の「本性を隠す」は、wear a mask あるいは disguise oneself、また「本性をあばく」は expose ~'s true colors で表現されます。

28 company

> We enjoyed his **company** so much we asked him back.

訳：彼が来てくれてとても楽しかったので，また来てくれるようにお願いしました。

company には「会社」以外に，「同行」「同席」「交際」「付き合い」の意味があります。例えば，「ご一緒できて本当に楽しかったです」は I really enjoyed your *company*.,「彼女は子供を相手にするのが大好きです」She loves the *company* of children.,「私はあなたと一緒だといつもくつろげます」I always feel comfortable in your *company*.,「人は付き合っている仲間でわかる」は，A man is known by the *company* he keeps. と表現されます。

関連表現：

「彼とは約20年以上付き合っています」I've known him for about more than twenty years now.

「あなたは皆と仲良く付き合うべきだと思います」I think you should get along well with everyone.

「飲みに行くのなら，付き合いますよ」If you're going to go drinking, I'll be happy to go along.

「彼女ってかなり付き合いにくい人ですね」She is rather difficult to get along with.

「彼は付き合いが広いですから，ひょっとして彼女のことを知っているかもしれませんね」He has a lot of contacts, so he might know her.

「彼女とは職場だけの付き合いです」She's an acquaintance only at work., あるいは I'm an acquaintance with her only at work.

29 complimentary

Do you have **complimentary** alcoholic drinks?

訳: アルコールはサービスですか。

complimentary は compliment（賛辞，お世辞）の形容詞で，この意味では，例えば I did not anticipate such a *complimentary* comment.（こんな賛辞は予期していませんでした），They were very *complimentary* about her work.（彼らは彼女の作品を非常に賞賛していた）のように用いられます。

しかし，complimentary には「（好意により）無料の」「招待の」の意味もあり，*complimentary* beverage（無料の飲み物），*complimentary* dinner（招待の会食），a *complimentary* ticket（優待券，招待券），a *complimentary* copy（献本）などがその例です。このような complimentary を用いた表現は，日常会話でよく使われています。

関連表現:

「あのホテルのサービスはよい[悪い]」The service at that hotel is good [bad].

（何かのお店で売り手が買い手に対して）「いかがですか。サービスしますよ」Would you like one? I'll give you a good price.

「彼は休みの日にはいつも家庭サービスをしている」He always spends time with his family when he has a day off.

「そのレストランは店の雰囲気がよくサービスもきめ細やかだった」The restaurant had a good atmosphere and attentive service.

30 constitution

> She is a person with a good **constitution**.

訳：彼女は体の丈夫な人だ。

constitution という単語を耳にすると,「憲法」という意味を思い起こす人は,かなり英語を一所懸命に勉強している人でしょう。もちろん,例えば establish a *constitution*（憲法を制定する）, the *Constitution* of Japan あるいは the Japanese *Constitution*（日本国憲法）のような表現も覚えておくべきですが, constitution には「体質」「体格」の意味もあり, He has a strong [weak] *constitution*.（彼は丈夫な［ひ弱な］体質だ）, The climate here doesn't suit my *constitution*.（ここの気候は私の体質に合わない）, He needs to improve his physical *constitution*.（彼には体質改善が必要だ）, She doesn't have the *constitution* for alcohol.（彼女はアルコールを体質的に受けつけない）のように用いられます。

関連表現：

constitution を使わないで,「彼女はすぐに太る体質だ」は She tends to put on weight easily.,「彼女は出産後,体質が変わった」は After she had a baby, her body chemistry changed. のように表現できます。

また,「もう我が社の体質を改善する時だと思います」は I think it's time we improved the character of our company. のように表現できます。組織の「体質」に相当する単語としては, character をはじめ nature, makeup などが適当でしょう。

31 consult

> I always **consult** a dictionary when I come across an unfamiliar word.

訳：なじみのない単語に出くわした時にはいつでも辞書を引きます。

「辞書を引く」を，日本語に引っぱられて *draw a dictionary のようには決して言わないようにしましょう。「辞書を引く」は *consult* a dictionary あるいは refer to a dictionary で表現されます。

また，「～を辞書で調べる」は look up ～ in a dictionary を使って，例えば「つづり［発音］を辞書で調べる」は look up the spelling [pronunciation] in a dictionary と表現されます。

関連表現：

「そのレストランが開いているかどうか行く前に確認したほうがいいよ」You'd better check to see if the restaurant is open before you go.

「警察は何が彼の動機だったのか調査をしているところだ」The police are investigating what his motives were.

「税関で頭のてっぺんからつま先まで調べられた」At customs they searched me from head to toe.

「我々はまず市場を調べるべきです」We should research the market first.

「そのことを調べてみたいと思います。やり甲斐があるかもしれません」I'd like to look into that. It might be worth while doing.

「そこへ行く前に地図を調べましょう」Let's take a look at the map before we go there.

32 cook

> Hey there, Bob, what's **cooking**?

訳：おい，ボブ，どうしたんだい。／ちょっとちょっとボブ，どうなってるの。(何が起こっているの。)

cook といえば「料理する」がその第一義で，She *cooks* well.（彼女は料理がうまい）のように使われるわけですが，進行形の cooking はくだけた表現として，「(事が)こっそり進行している」「(事が)起こっている」の意味で使われることがあります。つまり，上の文の cooking は taking place と同じ意味で使われているということです。cooking を含む例をさらに見ておきましょう。

Everyone is being very secretive—there's something *cooking*.（みんな隠し立てしているけど——何かが起こっているんだ／みんな何も教えてくれようとしないけど，何かが進行しているんだ）

You've got something *cooking*, right?（君は何かをたくらんでいるのでしょ）

関連表現：

「どうしたの？」と言っても，相手の身を心配しているような場面では，What's the matter (with you)? や Is anything wrong?, あるいは Is anything the matter? などが使われます。また，「彼女具合が悪そうだけど，どうしたのかな」は，She looks sick. What's up with her?, 何か難しい顔をしていたり，いらいらしていたり，あるいはくよくよしている人に向かって「どうしたの？」は，What's eating you? と言うこともできます。（154 ページの **47** を参照）

33 cool

> He's pretty **cool**.

訳：彼ってめちゃくちゃイケてる。

cool という単語を耳にすると、まず「涼しい」や「冷たい」の意味が思い浮かぶでしょう。例えば、It's nice and *cool* here.（ここはとても涼しいですね）、She wears a *cool* dress.（彼女は涼しそうな服を着ている）、He is *cool* toward her.（彼は彼女に冷たい）、He is as *cool* as a cucumber.（彼は落ち着きはらっている）などのように cool が使われます。

しかし、日常会話では頻繁に「かっこいい」「イケてる」「すてきな」の意味で cool が用いられています。例を重ねておきましょう。

Look at his *cool* car.（彼のかっこいい車を見て）

Sally is a *cool* girl.（サリーは魅力的な女性だ）

You look really *cool* in that dress.（そのドレス姿ホントすてきだね）

関連表現：

cool 以外に「かっこいい」「すてきな」を意味する形容詞を用いた表現もたくさんあり、例えば、「彼女の鼻はかっこいい」は She has a nice [pretty] nose.、「彼女はすごくかっこいい車を持っている」は She has a hot car.、「彼女はすごくかっこいいハンドバッグを持っている」は She has a really nice handbag.、「その俳優はキアヌ・リーブスほどはかっこよくないが、彼には何か人を引きつけるものがある」は The actor is not very stylish like Keanu Reeves, but there is something attractive about him. などのように表現できます。

その他「かっこいい」を意味する形容詞には、great, awesome, terrific, amazing などがあります。

34 copy

> I bought three **copies** of *Time Magazine.*

訳：タイム誌を3部買った。

　copyの第一義は「写し」「コピー」で，例えば，I made five *copies* of this paper.（私はこの書類を5部コピーした），Your daughter is almost the *copy* of her mother.（あなたの娘さんはお母さんに生き写しですね）のように使われます。

　しかし，copyは本や雑誌などを数える時にも用いられます。つまり，「部」「冊」の日本語に相当するということです。この意味で使われるcopyの例を重ねておきましょう。

　Give me two *copies* of this dictionary.（この辞書を2部下さい）

　I got a *copy* of the best seller.（私はそのベストセラーを1冊買った）

　また，copyには「広告文」の意味があることもよく知られていると思います。広告文を書く人は「コピーライター」ですが，これはcopy writerがそのまま日本語化している例です。

関連表現：

　ここでは物質名詞と抽象名詞の数え方をいくつか確認しておくことにしましょう。例えば，「コップ1杯のミルク」はa glass of milk，「紅茶1杯」はa cup of tea，「1ヤールの布」はa yard of cloth，「バター3ポンド」はthree pounds of butter，「砂糖小さじ1杯」はa spoonful of sugar，「数点の家具」はsome pieces of furniture，「1つのニュース」はa piece [an item] of news，「1つの忠告」はa piece of adviceとなります。

35 count

> It's the thought that **counts**.

訳：大切なのは親切心だ。／お気持ちだけでありがたく思います。

　動詞の count は他動詞用法の「数える」「計算する」の意味がまず頭に浮かびますが, 自動詞用法の count は「重要である」「価値がある」の意味で用いられます。上の文の類例を見ておきましょう。

　「オリンピックは参加することに意義がある」With the Olympics, participation is the thing that *counts*.

　「人生はなにごとも辛抱が肝心だ」In every aspect of life, it is endurance that *counts*.

　「百里の道も一歩から」（ことわざ）It's the first step that *counts*.（直訳は「大切なのは最初の一歩」ですが,「遠大な事業も手近なところから始めよ」という意味です。）

関連表現：

　動詞 matter も「重要である」「重大である」の意味を表します。例えば, It matters little whether he passes the examination or not.（彼が試験に合格しようとしまいとたいしたことではない）, That's what matters.（そこが肝心なところだ）, It doesn't matter at all.（そんなこと全然かまいませんよ）, What does it matter?（それがどうしたというの）となります。

　またよく使われる日常表現に「肝心なこと［点］」を意味する the name of the game があります。一例を挙げておきましょう。

　If you want to make it as a musician, hard work is the name of the game.（もしあなたが音楽家として成功したいのなら, 勤勉が肝心なことだ）

36 cover

> The reporter is right at the scene of the fire, **covering** the news.

訳：記者がちょうど火災現場にいて，ニュースを取材している。

　動詞 cover にはいろいろな意味がありますが，その第一義は「覆う」「かぶせる」で，例えば，She *covered* her face with her hands.（彼女は両手で顔を覆った），The ground was deeply *covered* with snow.（地面を深く雪が覆っていた），He *covered* the seeds with a little earth.（彼は種の上に少し土をかぶせた）のように用いられます。

　しかし，上の文に見られるように，cover には「～を取材する」「（ニュースなどを）報道する」の意味もあり，She *covered* the incident.（彼女はその事件を取材した），He *covers* Wall Street.（彼は金融市場の取材を担当している），The President was surrounded by the newspaper reporters who *cover* the White House.（大統領はホワイトハウス担当の新聞記者たちに囲まれた）のように用いられます。

関連表現：

　「取材する」は，gather material for ～ を使って表現することもできます。この表現は，「～のための資料を集める」というのが文字どおりの意味で，例えば，「論文を書くための資料を集める」は gather material for a thesis ですが，「新聞記事の取材をする」もこの表現を使って，gather material for a newspaper article のように言うことができます。

　また，get a story も「取材する」の意味で用いられます。したがって，get the story on ～ は「～に関する取材をする」ということになります。

37 credit

> I gave her **credit** for her keen sense of beauty.

訳：私は彼女が鋭い美的感覚を持っていることを認めた。

　credit は，「信用貸し」「つけ」の意味で，例えば，I bought the TV set on *credit*.（掛けでテレビを買った）のように用いられるわけですが，「賞賛」「功績」の意味もあります。例えば，He deserves *credit* for having won the home-run title three years in a row.（彼が3年連続ホームラン王を獲得したのは賞賛に値する），She should get more *credit* for her contribution to the project.（彼女は計画への貢献に対してその功をもっと認められてしかるべきだ）のように用いられます。

　give A credit for B は，「A（人）に B（事）の功績を認める」あるいは「A（人）が B（性質など）を持っているとみなす」を意味する成句で，上の I gave her *credit* for her keen sense of beauty. がこの型の文です。例を重ねておきましょう。

　At least give him *credit* for trying.（少なくとも彼が努力したことはほめてあげなさいよ）

　We give Thomas Edison *credit* for having invented the electric light bulb.（電球を発明した功績はトーマス・エジソンのものである）

　このほか，credit には「単位」の意味もあることもここで確認しておきましょう。例えば，I got two *credits* for a math class. あるいは I got two *credits* for math.（数学で2単位とった），My history class is worth three *credits*.（私がとっている歴史のコースは3単位です）などのように表現されます。

38 cure

> Squids can be **cured** by drying.

訳：イカは乾燥させて保存することができる。

cure には「保存する」の意味もあるので，注意が必要です。類例に Pork can be *cured* by salting or smoking.（豚肉は塩漬けや薫製にすることで保存することができる）を挙げておきます。

ちなみに，cure の第一義である「(人が)(人の) 病気を治す」は，cure＋人＋of the disease で表現され，*cure＋人＋from the disease とは言えません。受身の形では，be cured of ～ となります。

また，「～の治療法」と言う場合，例えば，「エイズの治療法」は a *cure* for AIDS であって，*a cure of AIDS のようには言いません。

cure を用いた例を挙げておきましょう。

The doctor *cured* him of the disease.（医者は彼の病気を治した）
He was *cured* of the disease.（彼は病気が治った）
Doctors around the world are trying hard to find a *cure* for AIDS.（世界中の医者がエイズの治療法を一所懸命見つける努力をしている）

関連表現：

「酢につけられた魚」fish preserved in vinegar
「ブランデー漬けのイチジク」figs preserved in brandy
「その築60年の家はとてもよく保存されている」The 60-year-old house is very well preserved.
「私はその父の写った写真を大切に保存している」I carefully keep the photo of my father.
「そのファイルは別のファイル名を付けて保存した」I saved the file with a different filename.

39 delicacy

> Caviar is considered a great **delicacy**.

訳：キャビアは非常な珍味と思われている。

　delicacy という単語に出くわすと，すぐに「繊細さ」「きめ細かさ」「優美さ」などの意味が思い起こされるかもしれません。例えば，a situation of great *delicacy*（とても微妙な状勢），a dancer of *delicacy* and lightness（優美で軽やかなダンサー）のように使われるわけですが，delicacy には「ごちそう」「美味」「珍味」の意味もあり，上の文に加えて，an epicurean *delicacy*（美食家向きのごちそう），The fish is a *delicacy* here.（その魚は当地の自慢の味です），a local *delicacy*（その土地の珍味）などの表現も確認しておきましょう。

関連表現：

「今夜はごちそうをいただきます」We're going to have a feast tonight.

「ごちそうさまでした」I really enjoyed the meal. あるいは That was a delicious meal.

「フランス料理をごちそうしましょう」I'll treat you to French cuisine.

「昼食をごちそうしますよ」I'll buy you lunch. あるいは I'll stand you lunch. / I'll stand lunch for you.

「暑いときには冷えたビールが何よりのごちそうだ」There's nothing like a (glass of) cold beer when it's hot.

注） 英語には「ごちそうさまでした」にぴったりと対応する表現は存在しません。上の例に加えて，感謝の意を込めて，Thank you very much for a wonderful meal. などと言ってもよいでしょう。

40 deliver

> I think he can **deliver** a lot of votes.

訳：彼なら多くの票を集めることができると思います。

　deliver の第一義は「配達する」「届ける」で，*Deliver* the table and chairs to this address, please.（そのテーブルと椅子はこの住所に届けてください），あるいは Letters are *delivered* twice a day here.（当地では郵便は一日に二度配達されます）のように用いられます。

　しかし，アメリカ英語では，I think he can *deliver* a lot of votes. のように，deliver が「票を集める」「支持者を獲得する」の意味で用いられることがあります。もう一例挙げておきましょう。

You can *deliver* enough votes to get him the nomination for vice-president.（あなたなら彼を副社長に指名するだけの票を集めることができる）

　ついでながら，deliver には「（女性の）出産を助ける」「（医者などが）（妊婦に）（赤ん坊を）分娩させる」の意味もあり，She was *delivered* of a boy.（彼女は男児を出産した）のように表現されます。

関連表現：

「コインを集めています」I collect coins.
「本当に重要な点は資金がどれだけ集められるかということだ」The real issue is how much money we can raise.
「彼女はよくない評判を集めた」She attracted unfavorable publicity.
「その展覧会は予想以上に多くの人を集めた」The exhibition attracted more people than we had expected.
「彼はその事件について情報を集めている」He is gathering information about the case.

41 diet

> A lot of American movies have a steady **diet** of violent scenes.

訳：多くのアメリカ映画にお決まりの暴力場面が出てくる。

　diet は「食事」「ダイエット」の意味でお馴染みの単語で，例えば次のように使われます。
　「バランスのとれた食事」a balanced *diet*
　「ミネラルが豊富にある食事」a *diet* rich in minerals
　「ダイエットをする[している]」go [be] on a *diet*
　「ダイエットをやめる」give up one's *diet*
　「ダイエットをやめたとたんに完全に体重が元どおりになってしまった」As soon as I came off the *diet*, I got all the weight back.
　しかし，diet は a diet of 〜 の形で，「(スポーツなど) 習慣的な〜」「(番組など) お決まりの〜」の意味で用いられることがあります。この形は，好ましくないことについて述べる場合に用いられます。例えば，a *diet* of TV shows (おなじみのテレビ番組)，a *diet* of love stories (お決まりの恋愛小説) などの表現があります。

関連表現：
　「また彼のお決まりの不平が始まった」He started in on his usual grumbling again.
　「彼のお決まりの自慢話にはうんざりだ」I'm sick and tired of his usual boastful talk.
　「その政治家の答弁はお決まりの『この件につきましては前向きに検討致します』だった」The politician's reply was the standard "I will give positive consideration to this matter."

42 diplomatic

> You have to be more **diplomatic** with him.

訳: あなたは彼に対してもっと如才なくふるまわなくては駄目です。

diplomaticは「外交の」「外交上の」の意味がその第一義で,例えば,a *diplomatic* break（国交断絶）, a *diplomatic* policy（外交政策）,あるいはestablish *diplomatic* relations with ～（～と外交関係を確立する）などのように使われます。

しかし,diplomaticには「難しい状況において人を扱うのが上手である」という意味もあります。つまり,diplomaticには「如才ない」「駆け引きのうまい」「そつのない」のような意味もあるということです。例を追加しておきましょう。

He gave a *diplomatic* answer.（彼は当たり障りのない返事をした）
She is always very *diplomatic* with difficult customers.（彼女は難しい顧客に対していつも大変そつがない）

関連表現:

形容詞 tactful も「気転のきく」「気配りのある」「如才ない」を意味します。例を挙げておきましょう。

「彼女は如才ない人だ」She's a tactful person.
「彼ってよく気がきくね」How tactful of him!
「彼女は気転をきかせてそのことには触れなかった」She was tactful enough not to mention that.
「その男の子は気転をきかせて消防署に電話した」The boy used his head and called the fire department.

その他,次のような表現も併せて確認しておきましょう。

「新しい部長は大変気転がきく」The new manager is very quick-witted.

43 discount

> We have to **discount** something of what she says.

訳：彼女の言うことは割り引いて聞かなければ駄目です。

　discount は，例えば Can you *discount* this car for me?（この車を割り引きしてもらえませんか）のように，何がしかの商品の値段を「割り引く」の意味で使われることが多いのですが，商品だけではなく「話」や「見解」などを「割り引いて聞く」という意味でも，discount が使われることがあります。この意味の discount を含む例を追加しておきましょう。You must *discount* half of what he says. は，「彼の言うことは話半分に聞くべきだ」を意味します。

　ところで，We have to *discount* something of what she says. は，We have to take what she says with a grain of salt. と表現しても同じ内容を伝えることができます。take 〜 with a grain of salt は，「〜を割り引いて聞く」を意味する慣用表現です。この表現も覚えておくと便利でしょう。

関連表現：

「彼の話は眉唾ものだ」His words cannot be taken at face value.

「彼女の言ったことはまっかなウソだった」What she said was an out-and-out lie.

「その話はちょっと怪しいね」That story sounds rather suspicious.

「彼女の話は本当かどうか怪しいものだ」I really wonder whether her story is true or not. あるいは I have my doubts about her story.

「彼の言うことを聞いて何か怪しいと感じた」Hearing what he said, I smelled a rat.

「彼の言うことはなんだか嘘くさい」What he says somehow sounds fishy to me.

44 doctor

> He **doctored** the books.

訳：彼は帳簿をごまかした。

　名詞の doctor はもちろん「医者」ですが，動詞の doctor には「改ざんする」「不正な変更を加える」の意味があります。上の文の類例を挙げておきましょう。

　She *doctored* the academic background on her personal history.（彼女は履歴書の学歴をごまかした）

　There is a rumor that the city authorities *doctored* the report before publishing it.（市当局がその報告書を公表する前に勝手に手を入れたといううわさがある）

関連表現：

「彼女は年をごまかした」She lied about her age.

「そのバーで釣り銭をごまかされたと思う」I think I was short-changed at the bar.

「あなたがミスをごまかそうとしているのは分かっているのですよ」I know you're trying to cover up your mistakes.

「肉屋が目方をごまかした」The butcher gypped me.（注：gyp はくだけたアメリカ英語で cheat を意味します。）

「ごまかすんじゃない。見えすいた言い訳をして」Don't talk your way out of it. You're giving a flimsy excuse.

「経営幹部たちは会社が赤字である事実を隠すためにその数字をごまかした」The executives juggled with the figures to conceal the fact that the company was in the red.

45 dressing

> Would you put a **dressing** on my finger?

訳：私の指に包帯を巻いてくれませんか。

　dressing というとすぐに思い浮かぶ意味は，thousand island *dressing* のような「(サラダの)ドレッシング」でしょう。しかし，dressing には「包帯 (bandage)」の意味もありますから注意が必要です。ちなみに「応急手当て用品」は first-aid *dressings* です。

　また，dress には動詞用法もあり，「包帯をする」を意味します。例えば，The nurse *dressed* my wound.（看護師は傷に包帯を巻いてくれた），あるいは I had my wound *dressed*.（傷に包帯を巻いてもらった）のように使われます。

関連表現：

　けがや病気などに対する処置を意味する「手当て」に対応する英語には treatment, medical care などがありますが，「応急手当てを(人に)する」は，「give ＋人＋ first aid」あるいは「give ＋ first aid ＋ to ＋人」の形が用いられます。例えば，She gave first aid to the boy who cut his finger with a chisel.（彼女は彫刻刀で指を切った男の子の応急手当てをした）のように表現されます。「〜の治療を受ける」は get treatment for 〜 で，これは，He got treatment for a decayed tooth.（彼は虫歯の治療を受けた）のように用いられます。また，動詞 treat を用いて，The doctor treated her injury.（医者は彼女のけがの手当てをした），Which doctor is treating him for hepatitis?（どの医者が彼の肝炎の治療にあたっていますか）のように表現できます。

46 drug

> He's on **drugs**.

訳：彼は(常習的に)麻薬をやっている。

drug の第一義が「薬」「薬品」であることはよく知られていると思います。例えば，「薬を処方する」は subscribe a *drug*，「この薬はこの症状に効きます」は This *drug* is effective for this symptom. のように用いられます。

さて，be on drugs は決まり文句で，「(常習的に)麻薬をやっている」の意味で用いられます。もう一つ drugs を含む例を重ねておきましょう。

If you get on *drugs*, that'll be the end of you. (麻薬に手を出したら，おしまいだ)

ついでながら，He's doing drugs. が He's on drugs. と同じ意味を表すことを言い添えておきましょう。

関連表現：

「警察はその男が麻薬を密売していることを知った」Police discovered that the man was selling drugs secretly.

「彼は麻薬所持の疑いで逮捕された」He was arrested on suspicion of drug possession.

「麻薬の乱用はアメリカ社会が直面している問題の一つだ」Drug abuse is one of the problems confronting American society.

注) a drugstore は文字通りには「薬屋」となりますが，薬の処方・販売のほか，化粧品や新聞・雑誌などもある店であり，決して「麻薬」を売っているわけではありません。

47　eat

> What's **eating** you?

訳：何をくよくよしているの。／何を悩んでいるの。／何をいらいらしているの。

　話し言葉で，eat は，進行形で「困らせる」「心配させる」「くよくよさせる」「いらいらさせる」「不機嫌にさせる」などの意味で使われることがあります。What's *eating* you? と同じ意味内容は，What's bugging you?, あるいは What's bothering you? を用いて表現することもできます。もう一つ eat の例文を挙げておきましょう。

　Something seems to be *eating* him. He's been in a bad mood since morning.（なぜか彼は機嫌が悪いようだ。彼は朝から不機嫌です）（139 ページの **32** を参照）

関連表現：

「くよくよするな」Take it easy.
「そうくよくよするな」Stop brooding like that.
「彼女の言葉にくよくよするな」Don't let her words get to you.
「彼女にはいらいらさせられる」She gets on my nerves. あるいは She irritates me.
「彼はきっといらいらしながら私を待っているだろう」He must be getting impatient waiting for me.
「心配しないで。大したことじゃない」Don't worry. It's nothing serious.
「彼女は父親の健康を心配している」She's worried about her father's health.
「彼どうしちゃったのかな。今朝は不機嫌じゃないか」What's wrong with him? He must have gotten out of the wrong side of the bed this morning.

48 enjoy

> She's always **enjoyed** good health.

訳：彼女はいつも健康に恵まれてきた。

enjoy が「～を楽しむ」を意味することは言うまでもないですが，「(よい物を) 持っている」「～に恵まれている」「(特権や利益を) 享有[享受]する」の意味もあることをここで確認しておきましょう。これらの意味で使われる enjoy は，改まった，よそ行きの言葉です。このような意味の enjoy を含む例を次に挙げておきます。

He *enjoys* a high salary.（彼は給料をたくさんもらっている）

This room *enjoys* a fine night view of San Francisco.（この部屋からサンフランシスコの素晴らしい夜景が眺められる）

She enjoys the confidence of her friends.（彼女は友人の信頼を受けている）

関連表現：

「～に恵まれている」は，be blessed with ～ で表現することができます。

「ありがたいことに，私たちは健康に恵まれています」Fortunately we're blessed with good health.

「彼女は芸術の才能に恵まれている」She's blessed with a gift for art.

「昨日は快晴に恵まれた」We were blessed with fine weather yesterday.

「アメリカは天然資源に恵まれている」America is blessed with abundant natural resources.

「彼らは結婚5年目にしてようやく子宝に恵まれた」They were finally blessed with a baby in the fifth year of their marriage.

49 equal

> He was **equal** to the work.

訳：彼はその仕事をやってのけた。

　equal は日本語の「イコール」に相当しますが，この単語の第一義は「同等の」「同一の」で，例えば，A yard is *equal* to three feet.（1 ヤードは 3 フィートに等しい），Two plus six is *equal* to eight.（2 足す 6 は 8）のように使われます。

　また，equal は「平等な」の意味で，an *equal* opportunity（機会の均等），All men are *created* equal.（すべての人は生まれながらに平等だ）のように使われます。

　しかし，He was *equal* to the work. における equal は，「（人が仕事などに）耐えられる」「〜をするだけの力量がある」の意味で用いられています。類例を挙げておきましょう。

　She is *equal* to doing anything.（彼女はどんな事でもやってのける）

　He is *equal* to running the company.（彼にはその会社を経営するだけの力量がある）

🟣 関連表現：

「彼にはその仕事をするだけの力量がある」も He is equal to the work. で表現できますが，He is competent in the work., あるいは He has the ability to do the work. と表現することもできます。「彼女はプロの歌手としてやっていくだけの力量はない」は，She isn't competent enough to be a professional singer., 「彼にはその仕事をするだけの力量はない」は，He is not equal to the job. となりますが，The job is beyond his capacity [ability]. としても OK でしょう。

50 expecting

> His wife is **expecting**.

訳：彼の奥さんは妊娠しています。

expecting は「妊娠している」を意味する動詞です。His wife is *expecting*. はくだけた婉曲的な表現で，ストレートに言うとすれば，His wife is pregnant. となるでしょう。ほかに妊娠していることを表現する方法はたくさんあります。「彼女は妊娠している」は She's with child., She's going to be a mother., She's expecting a happy event., She's in the family way., あるいは She's in a certain condition. などと表現することができます。

関連表現：

ここで英語の婉曲表現をいくつか見ておきましょう。最初に挙げている英語が婉曲表現です。

a funeral director ＝ an undertaker（葬儀屋）
a mortician ［アメリカ英語］＝ an undertaker
pass away ＝ die（死ぬ）
kick the bucket ＝ die
breathe one's last (breath) ＝ die
a problem drinker ＝ an alcoholic（アル中患者）
chemical dependency ＝ drug addiction（麻薬中毒）
a senior citizen ＝ an old person（老人）
long illness ＝ cancer（がん）
a sanitation engineer [worker] ＝ a garbage collector [man]（ゴミ回収人）
inexpensive ＝ cheap
full-figured ＝ fat, overweight
take legal action ＝ sue（告訴する）

第3章 基本単語の意味を考える

51 explain

> That **explains** it.

訳：だからだったんですね。／そういうことだったのですね。／それで合点がいきました。

「that が it を説明する」ということなのですが，この表現は一つの成句になっていて，前言を受けて「だからだったんですね」「それで読めました」，あるいは「合点がいった」の意味で用いられます。例えば，次のようなやりとりでこの表現が用いられます。

A: You have a nice tan.（きれいに焼けていますね）
B: I was in Hawaii for a couple days.（2, 3日ハワイにいました）
A: That *explains* it.（だからだったんですね）

関連表現：

make sense も「合点がいく」を意味します。sense は「意味」を意味し，make sense で「意味をなす」「理解できる」，すなわち「合点がいく」「もっともだ」ということになります。この表現は，前言を受けてそれが道理に合っている，つじつまが合うというニュアンスを伴います。

「これでようやく合点がいった」Now it finally makes sense.

「彼の言っていることは合点がいかない」What he is saying doesn't make sense.

「こと細かにすべてを説明したが，彼女は合点がいかない様子だった」She looked unconvinced though I explained everything in great detail.

「彼女はなぜ遅刻したのか私に合点のいく説明をすることができなかった」She couldn't give me a convincing explanation of why she was late.

52 faculty

> She has a great **faculty** for getting along with others.

訳：彼女は他人とうまくやっていくすぐれた才能がある。

faculty は「(大学の)学部」「(大学の)教員」の意味で，例えば，There are three departments in this *faculty*. (この学部には3つの学科がある)，Her father's on the *faculty* at Harvard. (彼女の父親はハーバードで教えています) のように使われることが多いです。

しかし，faculty には，持って生まれた「才能」「能力」の意味もあります。例文を重ねておきましょう。

He has a *faculty* for mathematics. (彼には数学の才能がある)

関連表現：

「才能」「能力」を表す単語にはほかに ability, gift, talent などがありますが，ability が「能力」を表す一般的な語で，先天的，後天的のいずれの「才能」をもカバーし，例えば，He has the ability to speak eight languages. (彼は8つの言語を話すことができる) のように使われます。

また，gift と talent の両方が「神に委ねられた才能」，つまり「天賦の才能」を意味します。例えば，She has a great gift [talent] for painting. (彼女は絵を描く才能におおいに恵まれている)，あるいは，Oscar was a pianist of rare gifts. (オスカーはまれに見る才能に恵まれたピアニストだった) のように表現されます。

ちなみに，形容詞の gifted や talented を用いて，He's a gifted [talented] guitarist. (彼は才能のあるギタリストだ) のような表現をすることも可能です。

53 fair

The company attending the job **fair** is looking for graduates full of vitality.

訳：就職説明会に出ているその会社はバイタリティーに溢れる卒業生をさがしている。

　名詞の fair の第一義は「(農畜産物の) 品評会・共進会」ですが，そのほかには「博覧会」「見本市」の意味で用いられます。例えば，a world('s) *fair*（万国博覧会），a book *fair*（書籍展示会），a trade *fair*（見本市）のように使われます。

　それに加えて fair には「説明会」の意味もあり，a job *fair* は「就職説明会」，a college *fair* は「大学説明会」を意味します。次の例文で確認しておきましょう。

　A job *fair* for fourth year university students（大学4年生を対象にした就職説明会）

　A job *fair* is a great morale booster.（就職説明会はおおいに志気を高めるものです）

関連表現：

　ここでは形容詞の fair を含むことわざを見ておきましょう。

　All's *fair* in love and war.（恋と戦は手段を選ばず）

　The *fairest* rose is at last withered.（いかに美しいバラもいつかはしおれる）

　Hoist your sail when the wind is *fair*.（順風の時に帆を上げよ《好機に行動せよ》）

　Better a good heart than a *fair* face.（みめより心）

　Faint heart never won *fair* lady.（弱気が美女を得たためしがない）

54 family

> We want to have a large **family**.

訳：私たちは子供がたくさんほしいです。

family と聞くと、「家族」の意味がまず思い浮かぶでしょう。しかし、family には集合的に「子供たち」の意味もあることに注意しましょう。例を挙げておきましょう。

Say hello to your wife and *family*.（奥さんとお子さまによろしくお伝えください）

Tom and Kate are struggling to bring up a big *family* on a small income.（トムとケイトは少ない収入で大勢の子供を育て上げようと奮闘している）

ちなみに、日本語の「家族」と英語の family はそれぞれカバーする範囲にずれがありますから、注意が必要です。日本語では、例えば自分の祖父、祖母が同居しているような状況では完全に祖父母を家族扱いしますが、英語の世界では、普通は「家族」は夫婦とその子供だけがそのメンバーです。（ただし、これは絶対的ではなく、時として、祖父母やおじ、あるいはおばが、家族のメンバーとして勘定に入れられることがないわけではないようです。）

関連表現：

「ご家族の皆さんお元気ですか」How's everyone in your *family*?
「ご家族は何人ですか」How many are there in your *family*?
「彼とは家族ぐるみのおつき合いです」His *family* and ours are on good terms.
「先週、私たちは家族そろってユニバーサルスタジオに行きました」We went on a *family* outing to Universal Studios last week.
「ご家族のみなさんにどうぞよろしく」Give my best to your *family*. あるいは Say hello to your *family* (for me).

55 fast

The color of this shirt isn't **fast**, so it can't be washed with other clothes.

訳：このシャツは色が出るから，ほかの服と一緒に洗濯できませんよ。

　形容詞の fast は，a *fast* speaker（早口の人），a *fast* worker（仕事の速い人），a *fast* ball（速球）あるいは He is a *fast* runner.（彼は走るのが速い）のような例でお馴染みです。時計が進んでいることは，例えば，My watch is three minutes *fast*.（私の時計は 3 分進んでいる）のように表現されることもよく知られていると思います。また，fast が副詞として用いられる，The man ran so *fast* I couldn't catch up.（その男は逃げ足が速く追いつくことができなかった）あるいは She swims *fast*.（彼女は泳ぐのが速い）なども基本的かつ重要な表現です。以上のような形容詞や副詞としての fast が恐らく最も馴染みが深いと思われますが，ここでは，名詞及び動詞としての fast に関しても確認しておくことにしましょう。

　名詞の fast は「断食」を意味し，動詞の fast は「断食する」の意味で用いられます。例えば，He went on a three-day *fast*.（彼は 3 日間の断食を行なった）と He *fasted* for three days.（彼は 3 日間断食を行なった）がそれぞれ名詞と動詞の例となります。

　以上のように fast には色々な使い道があるのですが，形容詞としてさらに覚えておくべき意味に「（色や染料が）あせない」や「（友情や規則などが）不変の」があります。まさに一番上の文で使われている fast がこの「あせない」を意味します。この意味を持つ fast の例を重ねておきましょう。a *fast* color は「不変色」「さめない色」を，a dye *fast* to sunlight は「日光で色あせしない染料」を意味します。さらに，少し堅苦しい表現ですが，a *fast* friendship は「変わらぬ友情」を意味します。ただし，a close friendship と言う方が一般的ではあります。

56 fault

> An active **fault** runs for 8 miles from this point.

訳：この地点から8マイルに渡って活断層が走っている。

　faultの第一義的な意味は「欠点」「欠陥」で，例えばEverybody has *faults*.（誰にでも欠点はある），There must be a *fault* in the car's engine.（その車のエンジンには欠陥があるに違いない）のように用いられます。

　また，「誤り」「過失」「不手際」の意味もあり，It's my *fault*.（それは私の過ちです），It was his *fault* that they were late for the meeting.（彼らが会議に遅れたのは彼の落ち度だった）のように表現されます。

　さらに，「(過失などの)責任」の意味で用いられることもあります。例えば，I'm really sorry. It's all my *fault*.（本当にすみません。みんな私の責任です），あるいは，It is all his *fault* that this terrible situation has happened.（こんなひどいことになったのはすべて彼の責任だ）のような用いられ方をします。ここで併せてfaultを含む成句at faultについて見ておくことにしましょう。これは「とがめられるべき」という意味と「〜の点で誤って」の意味があります。例えば，Who is *at fault* for breaking the computer?（コンピュータを壊した犯人は誰か），She was *at fault* in ignoring his advice.（彼女は彼の助言を無視するなんて見当違いなことをした）のようにat faultを使うことができます。

　さて，以上のような意味でfaultが用いられるわけですが，faultには「断層」の意味もありますから，注意しておきましょう。「この辺りの真下に活断層が走っている」はThere's an active *fault* right under this area. あるいはAn active *fault* runs right under this area. と表現されます。

57 field

> The governor skillfully **fielded** some difficult questions at the meeting.

訳：知事はその会議で難しい問題を巧みにさばいた。

field は「野原」「畑」あるいは「(研究などの) 分野, 領域」の意味を表す名詞としてよく使われますが, 上の文では動詞として使われています。これは元来, 例えば, The pitcher **fielded** the ball and tossed it to the second baseman.（ピッチャーは打球をさばいて二塁手に投げた）のように, 野球やクリケットなどで「(ボールを) 受け止めて投げる」, あるいは「さばく」を意味するのですが, 比喩的に「対応する」「処理する」「(質問に) 当意即妙に答える」などの意味で用いられます。例を重ねておきましょう。

The actress *fielded* questions from the reporters without any slips.（その女優はそつなく報道記者たちからの質問をさばいた）

ちなみに, 動詞の field は「(政党が) (候補者を) 立てる」を意味することもあり, The party *fielded* two candidates in the election.（その政党は選挙で 2 名の候補者を立てた）のように用いられます。

関連表現：

「彼にはさばき切れないほどの仕事があった」There was too much work for him to finish off.

「彼は手綱を巧みにさばいた」He handled the reins cleverly.

「彼はけんかをとてもうまくさばいた」He settled the quarrel very well.

「このような問題をさばけるのは彼女しかいない」She is the only one who can deal with [handle] a problem like this.

58 film

> There was a **film** of oil on the water.

訳：水面に油膜が浮いていた。

filmという単語を耳にすると，例えば，a roll of *film* with 36 exposures（36枚撮りのフィルム），He put a new *film* in his camera.（彼は新しいフィルムを自分のカメラに入れた）のように，まず「フィルム」の意味を思い出すことでしょう。

また，主にイギリス英語で，filmが「映画」の意味で使われることもよく知られていると思います。例えば，「その映画の上映時間は2時間です」はThe *film* runs for two hours.，また，「映画の字幕」はthe subtitles of a filmと表現されます。

しかし，もう一つのfilmの意味が「薄膜」「薄皮」「薄い層」であることは見逃されがちのように思われます。上の文の類例を挙げておきましょう。

A thin *film* of ice formed on the surface of the road this morning.（今朝道路の表面に薄い氷の膜ができた）

There was a fine *film* of sweat on his face.（彼の顔にうっすらと汗がにじんでいた）

注） 上で，日本語の「フィルム」に比べ，英語のfilmの方が意味範囲が広いことを見ましたが，その他同類の例を見ておきましょう。「デート」はdateに対応するわけですが，dateには「日付」の意味もあります。「クイズ」はquizに対応しますが，quizには「簡単な口頭［筆記］による試験」「小テスト」の意味もあります。「ストーブ」はstoveが対応しますが，stoveには「（料理用の）コンロ」の意味もあります。「ティッシュ」はtissueが対応しますが，tissueには「（筋肉などの）組織」の意味もあります。さらに，「ナイフ」はknifeが対応しますが，knifeには「包丁」「メス」の意味もあるといった具合です。

第3章 基本単語の意味を考える　　165

59 fine

> He paid a $500 speeding **fine**.

訳：彼は 500 ドルのスピード違反の罰金を払った。

　形容詞の fine は，I'm *fine*.（元気です），It's *fine* today.（今日は天気です），あるいは He has a *fine* command of English.（彼は英語が達者だ）などのような表現でお馴染みです。また，「細かい」の意味で，*fine* rain（こぬか雨），*fine* sugar（精糖），*fine* hair（細い髪）などの表現があります。

　しかし，名詞の fine は「罰金」を意味します。上の文の内容は，He paid a *fine* of $500 for speeding. と表現することもできます。その他，He was punished with a *fine* of $500.（彼は 500 ドルの罰金を取られた），あるいは A *fine* of $500 was imposed on him.（彼に 500 ドルの罰金が科せられた）のような表現がされます。

　また，fine は動詞として使うこともできます。例えば，They *fined* him $500 for speeding. あるいは He was *fined* $500 for speeding.（スピード違反で彼は 500 ドルの罰金を科せられた），He got *fined* $500 for parking illegally.（駐車違反で彼は 500 ドルの罰金を科せられた），The court *fined* him $10,000.（裁判所は彼に 1 万ドルの罰金を科した）のように用いられます。

　また，fine は「違約金」の意味でも用いられます。例えば，「もし契約を破ったら，1 万ドルの違約金を支払わねばなりません」は If you break the contract, you'll have to pay $10,000 fine [a fine of $10,000]. となります。

　damages for breach of contract も「違約金」の意味で用いられ，He was forced to pay damages for breach of contract.（彼は契約を破ったために違約金を取られた）のように使われます。

60 finger

> He was **fingered** as the hit-and-run driver.

訳：彼はひき逃げ犯人として警察に密告された。

　動詞としての finger は，「（警察に）密告する，たれ込む」の意味で使われることがあります。ただし，この意味で用いられる finger は俗語っぽい感じで用いられますから注意しておきましょう。上の文のように，finger は受動態の形に加えて，例えば Somebody must have *fingered* him as the hit-and-run driver.（誰かが彼をひき逃げ犯人だと警察に密告したにちがいない）のような能動態の文でも用いられます。

　しかし，finger は通例，例えば She *fingered* the cloth between her thumb and index finger.（彼女は親指と人差し指の間に布をはさんでいじった）のように，「指で～をいじる」の意味で使われることが多いです。

関連表現：

　「たれ込む」という俗っぽい日本語がありますが，これは英語では squeal が対応します。この動詞は「金切り声を発する」「～と金切り声で言う」を意味しますが，俗語として「～に密告する」「売る」「告げ口をする」の意味で使われることがあります。例えば，「われわれのことを警察にたれ込んだのはサムだ」は It is Sam who squealed on us to the police. のように表現されます。

　また，警察に密告する場合だけでなく，生徒が先生にあるいは子供が親に告げ口をする場合にも，この squeal が用いられることがあります。したがって，「サリーが私のことを先生に告げ口した」は，Sally went to my teacher and squealed on me. となります。

61 fire

> He was **fired** from his job.

訳：彼は仕事を首になった。

　動詞の fire は「(人を) 首にする」を意味します。例えば，He was *fired* for being late too often. (彼は遅刻が多すぎて首になった)，あるいは The company found out he was dipping into the till and *fired* him. (会社は彼が会社の金に手をつけていることを知り彼を首にした) のように用いられます。

　最近では，「リストラされる」という表現がよく使われますが，例えば「彼はリストラされた」は，He was fired., He was laid off., He was dismissed. などで間に合うでしょう。

　その他，例えば「彼は首になった」は，He was axed., He got a pink slip., あるいは He got the boot. などでも言い表すことができます。

関連表現：

「解雇する」の反対は「雇う」で，これは hire と employ ということになります。例えば，「秘書を一人雇わなければいけない」We have to hire a secretary.,「彼はこの春副社長として雇われた」He was hired as vice president this spring.,「私たちは娘のために家庭教師を雇った」We hired a home tutor for our daughter.,「パートを3名雇った」We *employed* three part-time workers.,「その会社は非常に多くの従業員を雇っている」The firm *employs* a very large staff. のように表現されます。

　また，take on が「雇う」の意味で使われることもあります。例えば，We will take on three or four more people. (あと3, 4人雇うつもりです) のように使われます。

62 flame

> She met an old **flame** at the wedding reception yesterday.

訳：彼女は昨日その結婚披露宴で昔の恋人に会った。

　名詞 flame の第一義は「炎」であり，the *flame* of a candle（ろうそくの炎），the Olympic *flame*（オリンピックの聖火），sheets of *flames*（一面火の海）などのように使われます。

　しかし，flame は「恋人」の意味で用いられることもあります。したがって，an old flame は「昔の恋人」を意味することになります。「昔の炎」がその直訳になりますが，かつては燃え上がるような心で相手と接していたことが想像できる表現と言えるでしょう。この表現は，おどけた表現として用いられます。もう一つ例文を挙げておきましょう。

　I don't know if I should invite Sally to my birthday party or not. She's one of my husband's old *flames*.（サリーを私の誕生パーティーに招待するべきかどうか決めかねているの。彼女は夫の昔の恋人なのよ）

関連表現：

　最近では，以前つき合っていた彼氏のことを「もとカレ」のように言うことがありますが，これは，one's former boyfriend が対応するでしょう。「もとカノ」は one's former girlfriend です。

「先妻」one's ex-wife [former wife]
「前夫」one's ex-husband [former husband]
「元総理大臣」a former prime minister
「彼は元プロボクサーだった」He used to be a professional boxer.
「彼女は元わが校の校長でした」She was formerly headmistress of our school.

63 floor

> She was **floored** by the question.

訳：彼女はその質問にお手上げだった。

　名詞の floor は,「床」の意味で, 例えば, He gave the *floor* a good scrub. (彼は床をごしごしとこすった), また,「階」の意味で, 例えば, What *floor* is his office? (彼のオフィスは何階ですか) のようによく用いられます。しかし, 動詞としての floor は,「(人を) 圧倒する」「(人を) 困らせる」「(人を) 閉口させる」「(人を) 口をきかせなくする」などを意味します。She was *floored* by the question. は,「彼女はその質問に困らされた」ことを意味しますから, 意訳すると「その質問にお手上げだった」としてもよいでしょう。

　ちなみに, 名詞としての floor には「(議員などの) 発言権」の意味もありますから注意が必要です。例えば,「議長が彼に発言権を与えた」は The chairperson gave him the *floor*. となります。また, floor は「(議会・会議上の) 議員席, 参加者席」も意味し, 例えば,「それでは会場の皆様からのご質問をお受けします」は Now it's time to ask for questions from the *floor*. となります。

関連表現：

　「お手上げだ」の感じは, 降参する時の格好を示す throw up one's hands (in despair) で表現することも可能で,「会社が倒産し, 彼はお手上げだった」は, He threw up his hands in despair when his company went bankrupt. のように表現できます。「お手上げだ」はほかに I give up., あるいは I'm at a loss [don't know] what to do. と言うこともできます。また,「私は数学は得意ですが, 地理はまったくお手上げです」は, I'm good at math, but I'm absolutely hopeless when it comes to geography. と表現できます。

64 foot

> Who is going to **foot** the bill?

訳：この勘定は誰が支払いますか。

　名詞 foot はくるぶしから下の部分の「足」を意味し，「徒歩で，歩いて」は on foot で言い表されることはよく知られていると思いますが，動詞としての foot には「(勘定などを)支払う」「(経費などを)負担する」の意味がありますので注意を要します。この動詞の foot は，くだけた会話で使われます。例を追加しておきましょう。

　Let me *foot* the bill here.（ここは私に出させてください）

　We can afford to *foot* the monthly rent for the apartment.（私たちはそのアパートの月々の家賃を払えるだけの余裕がある）

　また，「誰が勘定を持つのですか」は，pick up the tab（勘定を持つ）を用いて，Who is going to pick up the tab? となります。ついでながら，お店の人に向かって「勘定は別々にしてください」は，Separate bills, please.，また，一緒に店に来た人に向かって「勘定は別々にしましょう」は，Let's go Dutch. あるいは Let's pay separately. となります。

関連表現：

　pad the bill は「水増し請求する」を意味し，That restaurant padded our bill.（あのレストランは私たちに水増し請求した），あるいは That company padded the bill by five percent.（あの会社は5パーセント水増しして請求してきた）のように使われます。

　ついでながら，pad the books [accounts] は「帳簿を水増しする」，pad one's estimate は「見積もりを水増しする」となります。さらに，pad someone's grade なら「成績にゲタをはかせる」といった具合です。

第3章　基本単語の意味を考える

65 frame

> The murder suspect claimed he had been **framed**.

訳：自分ははめられたのだとその殺人容疑者は主張した。

　動詞の frame の第一義は「(絵などを)枠にはめる」「額に入れる」で，例えば，She *framed* the photo of her father.（彼女は父親の写っている写真を額に入れた）のように使われます。また，a *framed* photo は「額入りの写真」の意味で用いられます。

　この基本的な意味に加えて，frame には「(人を)はめる」「陥れる」，また「(不正を)たくらむ」「でっち上げる」の意味があります。例えば，「彼は殺人の濡れ衣を着せられている」は He's been *framed* for murder. で表現されます。「～の濡れ衣を着せられる」は，be falsely [unjustly] accused of ～ とも表現できます。したがって，「彼はその車の盗難の濡れ衣を着せられた」は，He was falsely [unjustly] accused of stealing the car. と表現できます。

関連表現：

　「だまされた」の意味で，「あの男に一杯はめられた」は I was really taken in [cheated] by that man., また「～に一杯食わせる」は「put one over on ＋人」の形で表現できます。例えば，Don't try to put one over on me!（私に一杯食わせようたってだめだぞ！），He tried to put one over on me.（彼は私に一杯食わせようとした）のように使われます。

　さらに，くだけた表現に snow job（(言葉たくみに) だますこと，口車に乗せること）があります。「～をだます」「～を口車に乗せる」は do a snow job on ～ の形が用いられます。例えば，「その男は(もっともらしい話をして)彼女をだました」は，He did a snow job on her. となります。また，give ～ a snow job の形を用いて，He gave her a snow job. とすることもできます。

66 French

> Excuse [Pardon] my **French**.

訳：こんな下品な言い方をして失礼。／下品な言葉を使ってすみません。

　もちろん French は「フランス語」ですが，上の表現では一般にタブーとされている言葉を指し，いわゆる婉曲表現の一種ということになります。例文を見ておきましょう。

　Excuse [Pardon] my *French*, Jane, but I don't give a damn about it.（下品な言葉を使って悪いけど，ジェーン，そんなことにはてんで関心がないんだよ）

　He can't be a damned doctor―pardon my *French*.（ふん，奴が医者になんかなれるものか――おっとこれは下品な言葉で失礼）

関連表現：

　「音を立ててスープを飲むなんて下品ですよ」It is vulgar of you to slurp your soup.

　「彼女はうっかり下品な言葉をすべらした」She slipped into coarse language.

　「あんな下品な人とはつき合いたくない」I don't want to associate with such an uncouth person.

　「彼はどことなく下品だ」There is something vulgar about him.

　「彼女は下品な話し方をしますね」The way she talks is coarse [vulgar].

　「彼が彼女に下品な冗談を言うと，彼女は顔をしかめて彼を見た」He told her a rude joke and she frowned at him.

67 fresh

He's too **fresh** with the receptionist.

訳：彼はその受付係になれなれしくし過ぎだ。

　fresh は「新しい」「新鮮な」の意味で，*fresh* air（新鮮な空気），bread *fresh* from the oven（焼き立てのパン），*fresh* coffee（入れたてのコーヒー）のように使われることはよく知られていると思います。

　また，The earthquake is still *fresh* in my memory.（その地震は今でも記憶に新しい）のようにも用いられますが，fresh には「(特に男性が女性に) なれなれしい」の意味もあり，Don't be [get] *fresh* with me. は「なれなれしくしないで」ということになります。

関連表現：

　友人間で「なれなれしくし過ぎる」という意味で，「彼は私になれなれしくし過ぎです」は He's too friendly with [to] me., あるいは He's overly friendly with [to] me., 「彼女は初めて会う人にはあまりなれなれしくしない」は She keeps her distance with people she's just met., 「彼女は私になれなれしい口調で話しかけてきた」は She spoke to me in an overly familiar tone. と表現できます。

　ちなみに，「よそよそしい」は形容詞の distant が対応します。例えば，「彼女は今日は妙によそよそしい」は，She is strangely distant today. と表現されます。その他，「彼女はいつも私に対してよそよそしい」は She always treats me coldly., 「彼は私によそよそしい態度を取った」は He gave me the cold shoulder., 「昨日駅で彼女にばったり会ったんだけど，よそよそしい態度だったんだ」は I ran into her at the station yesterday, but she took a standoffish attitude toward me. となります。

68 friend

> I'm still unsure whether he is **friend** or foe.

訳：彼が敵か味方かいまだによく分からない。

　friend には「味方」の意味もあり，friend or foe の形で「敵か味方か」の意味合いで用いられます。この語順は固定されており，*foe or friend のようには言わないので注意が必要です。日本語に引っぱられてこの語順にしないように心がけなければなりません。類例を重ねておきましょう。

Are you friend or foe?（あなたは敵か味方のどちらですか？）

　なぜここでは friend と foe の前には冠詞がないのかというと，これらは「個体」としての人間として扱われているというよりも，それぞれの単語が表す「役割」「働き」に力点が置かれ，抽象名詞化しているからです。例えば，I now pronounce you man and wife. のような牧師が夫婦宣言をする決まり文句においても man と wife の前には冠詞が添えられていないわけですが，その理由ももはや明らかでしょう。

関連表現：

「彼女は敵を作りやすい性格だ」She is the sort of person who makes enemies easily.

「過労は健康の敵だ」Overwork is an enemy to health.

「私はいつでもあなたの味方です」I'm always on your side.

「彼を味方につければ，万事うまくいくでしょう」If we can win him over to our side, everything is going to be all right.

「彼はたいてい弱い者の見方だ」He's usually on the side of the underdog. あるいは He usually takes the side of the underdog.

「彼女は弱い者に味方する」She stands by the weak.

69 front

> Don't pay any attention to that Cadillac. He's just putting up a **front**.

訳：あんなキャデラックどうってことない。彼は見栄を張っているだけだ。

　front は in front of ～（～の前に）のフレーズでお馴染みですが，「前部」「表面」「正面」などさまざまな意味で使われます。front には「見せかけ」「体裁」「立派なふり」の意味もあり，put up a *front* で「見栄を張る」となります。「見栄を張る」は自分を自分以上に見せようとすることですから，例えば「あなたは見栄を張っていますね」は You're trying to make yourself better than you are. のように言うことも可能です。したがって，上の文も，He's just trying to make himself better than he is. とも言えます。

　話を front に戻すと，put up a calm *front* は「落ち着いた態度を装う」，put up a good *front* は「平気な態度を装う」「対面をつくろう」をそれぞれ意味します。例文を挙げておきましょう。

　Kate is frightened, but she's putting up a brave *front*.（ケイトはおびえているが，勇敢な態度を装っている）

関連表現：

keep up with the Joneses という慣用表現がありますが，これは「見栄を張って，自分の友人や隣人が持っているのと同じ物を持ったり同じことをしようと懸命に努力する」ことを意味します。例えば，They bought a new car to keep up with the Joneses.（彼らは隣近所と張り合うために新車を買った）における the Joneses は，a person's neighbors or social equals を意味します。つまり，Jones が最もありふれた家族名であることから，the Joneses が「近所の人達」や「社会的に同等の人達」の意味で使われているわけです。

70 funny

> That's **funny**—my car key was here a moment ago and now it's gone.

訳：変だぞ——僕の車の鍵はさっきここにあったのに,今はなくなっている。

funny は「おかしい」を意味し,a *funny* joke（おかしい冗談），He has a *funny* way of laughing.（彼はおかしな笑い方をする），What's so *funny*?（何がそんなにおかしいの）などのように用いられます。

しかし,funny には「奇妙な」「変な」「不思議な」の意味もあり，That's *funny*. は，何かに驚いたり，何かを変だと思ったりした時に使われるフレーズです。この意味での funny を含む例を追加しておきます。

It's *funny* that she said so.（彼女がそう言ったなんて変だ）

The engine's making a very *funny* noise.（エンジンがすごくおかしな音を立てている）

関連表現：

「今日の彼は様子が変だね」He doesn't seem himself today. あるいは There's something strange about him today.

「さっきから変な人が学校のまわりをうろうろしています」Somebody strange has been prowling around the school.

「自分の住所が思い出せないなんて変だよ」It's odd [strange] that you can't remember your own address.

「この CD プレーヤーの調子が変だ」Something must be wrong with this CD player.

「ゆうべ変な夢を見たよ」I had a strange [weird] dream last night.

第 3 章　基本単語の意味を考える

71 game

> So that is your little **game**!

訳：そうかそれが君の魂胆なのか！

game には「遊び」「試合」「ゲーム」など以外に,「策略」「たくらみ」の意味があります。上の文の your little *game* は「君のちゃちな策略」ほどの意味です。game を含む類例として，I can see through your little *game*.（君のちゃちな手の内は読めてるんだよ），None of your *games*!（その手はくわないぞ）を挙げておきます。

また，形容詞の game には「～する元気［勇気］［意志］がある」の意味があります。誰かに誘われたような場面では，I'm *game*. は OK に近い感じで使われます。例えば，Are you *game* for baseball?（野球をやらないかい），"Do you want to see the movie?" "Yeah. I'm *game*."（「その映画を見たいかい」「そうだね，見たいね」）のように用いられます。

関連表現：

「彼らには何か魂胆があるに違いない」I'm sure they're plotting something.

「彼には何か魂胆がありそうだ」He seems to have something up his sleeve.

「君の魂胆は見え透いているぞ」It's perfectly clear what you're up to.

「彼が家まで送ってくれるなんて何か魂胆があるに決まっている」He must have some hidden reason for driving me home.

「彼女は何か魂胆があって君にそのプレゼントを送ったのだ」She sent you the present because she has some ulterior motive.

72 ground

> She's been **grounded** for three days.

訳：彼女は(罰として)3日間外出を禁止されている。

groundは名詞として「地面」「土地」「根拠」「基盤」などの意味でよく用いられますが、動詞としては「～の基礎[根拠]を...に置く」の意味で、例えばHis argument was *grounded* on facts.(彼の議論は事実に基づいていた)、あるいは「(人)に基礎[初歩]を教える」の意味で、He is well *grounded* in physics.(彼は物理学の基礎をしっかり教え込まれている)のように用いられます。

しかし、くだけた会話では、groundは「(罰として)(子供などに)外出を禁ずる」の意味でも使われます。普通は受動態の形で用いられます。類例を重ねておきましょう。

You're *grounded* for a week!(1週間外出を禁止します！)

関連表現：

「そこは学生の出入りが禁じられている」The place is off limits to the students.

「日本では銃は禁止されている」Guns are banned [prohibited] in Japan.

「日本では20歳以下の飲酒は禁止されている」Drinking under the age of 20 isn't allowed in Japan.

「暴力シーンの多い映画は禁止されるべきだ」Films [Movies] containing a lot of violent scenes should be banned.

「この建物の中では喫煙は厳禁です」Smoking is strictly prohibited in this building.

「ここは駐車禁止です」No parking is allowed here.

「関係者以外立入禁止」Members only.

73 heavy

> Greasy food sits **heavy** on the stomach.

訳：油っこい料理は胃にもたれる。

　形容詞の heavy にはさまざまな意味があり，さまざまな語と結びつきます。いくつか例を挙げておきましょう。
　a *heavy* beard （もじゃもじゃのあごひげ），
　a *heavy* bearer （よく実のなる［花の咲く］木），
　heavy heart （沈んだ心），a *heavy* fog （濃霧），
　a *heavy* blow （強烈な一撃），*heavy* casualties （多数の死傷者），
　heavy drinking （深酒），a *heavy* feeder （大食漢），
　a *heavy* wound （ひどい傷），
　a *heavy* schedule （ぎっしりと詰まったスケジュール），
　a *heavy* overcoat （厚手のオーバー），
　a *heavy* book on philosophy （難解な哲学の本）
など枚挙にいとまがありません。
　さて，上の文に関してですが，heavy には「(胃に)もたれる」の意味もあるので注意を要します。例えば，「胃にもたれる昼食」は a *heavy* lunch，「しつこい料理」は *heavy* food と言います。heavy を使わずに，「食べ過ぎて胃がもたれている」を I have an upset stomach from eating too much. のように言うこともできます。また，「胃にもたれない」は sit light on the stomach です。

関連表現：

　heavy の反対語は light ですが，この語にもさまざまな意味があり，さまざまな語と結びつきます。例えば，light conduct （軽率な行為），light traffic （少ない交通量），a light meal （軽食），light movement （軽やかな動き），with a light heart （心も軽く），feel light in the head （頭がふらふらする，目が回る）などの表現があります。

74 history

> She said, "He's **history**."

訳:「彼とはもう終わっているの」と彼女は言った。

　history の第一義は「歴史」で，*History* repeats itself.（歴史は繰り返す）のような表現がお馴染みでしょう。また，a personal *history* は「経歴」「履歴(書)」を意味しますが，history は「病歴」を意味することもあり，例えば He has a *history* of tuberculosis.（彼は肺結核の病歴がある）のように表現されます。

　これらの意味に加えてくだけた口語表現では，history は「過去の人［もの］」「別れた恋人」「過去のこと」「済んだこと」などの意味でも使われます。例えば，That's *history*. は「それはもう昔のこと」を意味することになります。

関連表現：

　background も「経歴」を意味し，an academic background は「学歴」，a thorough background check は「徹底的な経歴［身元］調査」です。「彼は履歴書の学歴をごまかした」は He doctored the academic background on his personal history. のように表現されます。

　また，「犯罪歴」は a criminal record で，「彼には前科がある」は He has a criminal record.，「前科があるために彼女は不利な立場に陥った」は Her criminal record put her at a disadvantage. となります。

　その他「経歴」「キャリア」を意味する単語に career がありますが，この単語を含む例文も挙げておきましょう。

　「彼女はこの道 20 年のキャリアがある」She has a career of twenty years in this field.

　「彼には音楽家としての華々しいキャリアがあった」He had a very successful career as a musician.

75　homework

> I should have done my **homework** before the meeting.

訳：会議の前に下調べをしておくべきだった。

　homework といえば，もちろん「(学校の)宿題」を意味し，例えば，do one's *homework*（宿題をする），Can you help me with my *homework*?（宿題の手伝いをしてくれない），あるいは Have you done your *homework* yet?（もう宿題はしたの）などのような表現がお馴染みでしょう。しかし，homework は「自宅でする仕事」「内職」の意味に加えて，「(会議などの)下調べ」「準備」の意味で使われることもあります。例を重ねておきましょう。

　Have you done your *homework*? The interview is only two days away.（下調べはしていますか。インタビューは2日後ですからね）

関連表現：

「明日の会議のための下調べをしなければいけない」I have to make preparations for tomorrow's meeting.

「明日の数学の授業の下調べは済みましたか」Have you finished preparing for tomorrow's math class?

「今彼は化学の授業の下調べをしています」He's preparing for his chemistry class now.

「彼女は旅行先の下調べを慎重にした」She carefully checked out the place she was going to visit.

「明日の授業の予習をしなければいけませんよ」You have to get ready for tomorrow's lessons.

「レッスン5を予習しておきなさい」Look [Go] over lesson 5.

76　hot

> You're getting **hot**!

訳：（クイズで）もう少しで正解です。

　形容詞 hot の最も一般的な意味は「熱い」と「暑い」で，This coffee is very *hot*.（このコーヒーは熱いですね），It's so *hot* today.（今日はとても暑い）のように使われることは周知のことでしょう。

　しかし，You're getting *hot*. は，クイズでもう少しで言い当てるところであることを意味する決まり文句です。別の英語で表現すると，You're right on the verge of guessing what it is. ということになります。もちろん，It is getting *hot*. と言うと「暑くなってきている」を意味します。

　このほかにも hot はいろいろな語と結びついていろいろな意味を表しますが，一つだけ慣用表現の *hot* under the collar を見ておきましょう。これは「立腹して」「かんかんに怒って」を意味し，例えば，He got *hot* under the collar, so I didn't talk to him.（彼はかんかんに怒ったので，彼に話しかけませんでした）のように用いられます。

関連表現：

　形容詞の warm は「あたたかい」を意味し，It's warm today.（今日はあたたかい），あるいは She's a warm person.（彼女はあたたかい人だ）のような表現でお馴染みですが，この単語もくだけた会話で，「(答えが正解に)近い」の意味で用いられることがあります。例えば，何かの質問に対して答えがかなり正解に近くなっている場合，You're getting warmer.（いい線いってるよ）のように言います。また，「いい線いっている」は，You almost got it. あるいは You're on the right track. のように言うこともできます。

77 house

> This drink is on the **house**.

訳：このお酒は店からのサービスです。

　house には「店」の意味もあり，on the house で「店持ちで」「店のおごりで」を意味します。on は「〜の負担で」「〜持ちで」の意味の前置詞で，This is on me. は「これは私のおごりです」を意味します。

　さらに，house には，an opera *house*（オペラ劇場）の表現に見られるように「劇場」の意味もあり，集合的には「観客」の意味で用いられることがあります。慣用表現に bring down the *house* があります。これは，文字どおりには「劇場を(拍手で)崩れ落ちさせる」ですが，「聴衆から大喝采を博す」「観客から拍手喝采を浴びる」を意味します。bring down the *house* は，例えば，The opera singer brought down the *house*.（そのオペラ歌手は満場の喝采を博した）のように使われます。

関連表現：

「交通費は全額会社が持ってくれると聞いています」I hear the company is covering all traveling expenses.

「いいえ，旅費は自分持ちです」No. We have to pay our own traveling expenses.

「彼はいつも会社の金で飲み食いしていた」He was always eating and drinking at his company's expense.

「昨日ロックコンサート代は彼が持ってくれた」He paid for my ticket for the rock concert yesterday.

「私は香港への旅費は自腹を切ったんですよ」I paid for my trip to Hong Kong out of my own pocket.

「今日は昼食をおごるよ」I'll buy you lunch today. あるいは I'll treat you to lunch today.

78 image

> She is the **image** of her mother.

訳：彼女は母親にそっくりだ。

image は「(心に浮かんだ)像」「イメージ」「印象」を意味することはよく知られていると思います。「イメージアップ」や「イメージダウン」のような言い回しがありますが，これらは和製英語ですから注意しておきましょう。例えば，「あの政治家はイメージアップを図っている」は The politician is trying to improve his *image*. と表現されます。つまり，improve one's *image* が日本語の「イメージアップを図る」に対応するわけです。これと反対の意味の「イメージダウンする」は，英語では harm one's *image* と言います。

また，image には「生き写し」「よく似た人 (もの)」の意味があります。「彼女は母親にそっくりだ」は She looks exactly like her mother. で言い表せますので，この表現も覚えておきましょう。She is the *image* of her mother. の image の前に the spitting や the living が添えられると，いっそう似ているという意味合いが強められることになります。したがって，She's the spitting *image* of her mother. は「彼女は母親と瓜二つだ」のような訳も可能でしょう。ちなみに，同じ内容を She's a carbon copy of her mother. と表現することもできます。(92 ページの **29** を参照)

関連表現：

「彼女は母親に似ている」と言っても，「容姿」が似ている場合には，She looks like her mother. や She takes after her mother., あるいは She resembles her mother. のように look like, take after, そして resemble が用いられます。「性格」が似ていることを表す場合にも take after が使えますし，She's like her mother. のように be like でも「性格」が似ていることが表現できます。

第3章 基本単語の意味を考える

79　impossible

> You're **impossible**!

訳：あなたってどうしようもない人ね。／おまえはどうしようもないやつだな。

　impossible というと「不可能な」の意味がまず頭に浮かび，It is *impossible* for 人 to ～ の構文 It is *impossible* for me to do a lot of things at one time.（一度にたくさんのことをすることはできない）のような例を思い出す人が多いかもしれません。また，impossible には「(物・事が)とてもあり得ない」の意味があり，It is *impossible* that he knows everything about it.（彼がそのことについて一部始終を知っているなんてあり得ない）のように用いられます。

　しかし，impossible は人や物，あるいは状況などが「ひどい」「どうしようもない」ことを言い表す場合にも用いられます。この意味の impossible を含む例を追加しておきましょう。She's an *impossible* person. は「彼女は鼻持ちならない人だ」，He wore an *impossible* hat. は「彼は変な帽子をかぶっていた」を意味します。

関連表現：

　「どうしようもない」と言ってもいろいろなニュアンスがあります。例えば，ほかに選択肢がなくて「彼に辞任を要求する以外ほかにどうしようもない」は We have no choice but to demand his resignation. のように表現されます。また，例えば，手を尽くした医者が「おじいさんはどうしようもありませんね」と言うような場合は，There's nothing more we can do for your grandfather. のように表現されます。さらにもう一例挙げておきましょう。「彼はどうしようもない嘘つきだ」は，He is a hopeless liar. となります。英語の liar はかなりきつく響きますので使用に注意を要します。

80 inevitable

> I saw an English gentleman with his **inevitable** umbrella at Victoria station.

訳: ビクトリア駅でお決まりの傘を持ったイギリス紳士を見ました。

inevitable という形容詞は，学校では，「避けられない」「必然的な」の意味で，例えば，an *inevitable* result（必然的結果），an *inevitable* collision（避けることができない衝突），あるいは The conflict was *inevitable*.（その紛争は避けがたいものであった）のように用いると習います。

しかし，inevitable には「お決まりの」「いつもの」「つきものの」「お定まりの」の意味もあります。例えば，They had the *inevitable* ham and eggs for breakfast this morning.（彼らは今朝も朝食はいつものハムエッグだった），Japanese tourists with their *inevitable* camcorders（必ずと言っていいほどポータブルビデオカメラを持ち歩く日本人観光客）のように inevitable が使われます。（camcorder は，camera と recorder の合成語で，レコーダーと一体になったビデオカメラのことです。）

関連表現:

「また彼女のお決まりの愚痴が始まった」She started in on her usual silly complaint again.

「社長の訓辞はまたお決まりの長い説教だった」The boss's address was the usual long sermon.

「Tシャツとブルージーンズが彼のお決まりだ」A T-shirt and blue jeans is his standard outfit.

「そうするのが彼のお決まりだ」It is customary for him to do so.

第3章　基本単語の意味を考える

81 kick

> I get a **kick** out of diving.

訳：私はダイビングにスリルを感じる。

　名詞 kick の第一義は，もちろん「けること」「キック」なのですが，もう一つの意味として「スリル」「刺激」「楽しみ」の意味があります。よく get a *kick* out of 〜 の形で，「〜にスリルを感じる」「〜に楽しみを覚える」「〜を面白がる」の意味で用いられます。このフレーズを用いて，例えば，I get a *kick* out of American movies.（私はアメリカ映画に楽しみを覚えます），あるいは My son gets a *kick* out of video games.（うちの息子はテレビゲームを面白がっています）のように言うことができます。

　また，just for *kicks* は「面白半分に」「ただスリルがあるので」の意味のセットフレーズで，The rich man's son didn't want the book. He stole it just for *kicks*.（その金持ちの息子はその本がほしかったわけではありません。彼はただ面白半分にそれを盗んだのです）のように使われます。

関連表現：

　最近では「〜にはまっている」という表現をよく耳にしますが，これは英語では be on a 〜 *kick* で間に合うでしょう。例えば，I'm on a health-food *kick*.（今健康食品にはまっています），あるいは He's on a computer *kick*.（彼はコンピューターにはまっている）のように使われます。

　さらに，「はまっている」感じは be into 〜 でも言い表せます。例えば，I'm into jazz.（ジャズにはまっています），She's been heavily into skiing these days.（彼女は近頃すっかりスキーにはまっています）のように表現されます。

82 knockout

> She's a real **knockout**.

訳：彼女はすごい美人だ。

knockout はボクシング用語の「ノックアウト」，つまり KO の意味で馴染みがあると思います。例えば，He won by a *knockout*.（彼はノックアウトで勝った），あるいは There was no *knockout*, but he won on points.（ノックアウトはなかったが，彼は判定で勝った）のように knockout は使われます。

しかし，くだけた口語表現として，knockout は「とても魅力的であったり感銘を与える人や物」の意味で用いられます。したがって，She's a real *knockout*. は「彼女はすごい美人だ」を意味しますが，男性が魅力的である場合にも knockout が使えます。また，That movie is a *knockout*. と言えば，「あの映画は傑作だ」ということになります。

関連表現：

「うちの会社には美人が多いですよ」は There are many good-looking women in our company.，「新潟は美人が多く生まれると言われています」は They say Niigata produces a lot of beautiful women.，「彼女は美人になった」は She has turned into a pretty girl.，ことわざの「美人薄命」は Beauties die young.，あるいは Beauty and good fortune seldom go hand in hand. のように表現できます。

また，「絶世の美女」は a woman of unmatched beauty，「息をのむような美人」は a woman of breathtaking beauty となります。さらに，「セクシーな美人」を言い表す場合は hot を用いて，She's really hot. のように表現されます。

83 labor

> She was in **labor** for seven hours.

訳：彼女は7時間陣痛状態にあった。

　labor というと「労働」「骨折り」「努力」の意味でよく用いられます。例えば，physical *labor* は「肉体労働」，mental *labor* は「精神労働」ですし，*labor* in vain なら「むだ骨」といった具合です。

　しかし，labor には上の文に見られるように「陣痛」の意味もありますので注意しておきましょう。この意味の labor を用いた例として，*Labor* had to be induced in the patient.（妊婦に陣痛を誘発させなくてはならなかった），She was in *labor* from seven at night to eight in the morning.（お産は夜7時から朝の8時までかかった）を挙げておきます。

関連表現：

　「出産する」は have a baby あるいは give birth to で，例えば She had twins. あるいは She gave birth to twins. で「彼女は双子を出産した」となります。「妻は来月出産の予定です」は Our baby is due next month. あるいは My wife is due to give birth next month.,「彼は妻の出産に立ち会った」は He was present when his wife gave birth. などと表現されます。

　ちなみに，「流産する」は, miscarry あるいは have a miscarriage で，「彼女は妊娠3ヶ月目に流産した」は She miscarried [had a miscarriage] when she was three months pregnant. となります。

　また「中絶手術を受ける」は get an abortion で，「彼女はやむをえず堕ろした」は She got an abortion against her will. となります。

84 leave

> He's on **leave**.

訳：彼は休暇を取っています。

　名詞 leave には「休暇」の意味があり，具体的には，軍隊，役所，学校，あるいは病院などにおける「許可を得て取る休暇」のことをいいます。したがって，例えば，医者や看護師が休暇を取っている場合には上の文が適切ですが，一般の人が休暇を取っている場合は，例えば He's on *vacation*. のように，vacation が使われます。「彼は病気休暇中です」は，He's on sick *leave*.，「メグが産休に入った時に代わりの人が必要だ」は We need to find a replacement for Meg when she goes on maternity *leave*.，また，「一月の有給休暇を取る」は take a month's paid *leave* のように表現されます。

関連表現：
「夏休みにはどこに行く計画ですか」Where are you planning to go during the summer vacation [holidays]?
「今週彼女は休暇で不在です」She's away on vacation this week.
「2週間の休暇を取ってロンドンへ行った」I took two weeks off and went to London.
「学校は7月20日から夏休みになります」Our school breaks up for the summer on the 20th of July.
「ジョージはサバティカル中です」George's on sabbatical.（サバティカルは大学教授に対する，旅行・研究・休息のための7年ごとの1年，または半年の有給休暇のことです。）

注）「休暇を取って」は，アメリカ英語では on vacation ですが，イギリス英語では on holiday です。

85 lecture

He got a long **lecture** from his boss.

訳：彼は社長から長々と説教された。

　lecture の第一義は「講義」「講演」で，例えば，She gave a drowsy *lecture*.（彼女は眠くなるような講義をした），His *lecture* is above my head.（彼の講義は私には難しすぎる）のように用いられます。

　しかし，lecture には「説教」「小言」の意味もあることをここで確認しておきましょう。「(人に) 〜について説教する」は，give ＋人＋ a lecture ＋ about [on] の表現が使われます。例えば，My grandmother gave me the usual *lecture* on table manners.（おばあさんは私にテーブルマナーについていつものお説教をした）のようにこのフレーズを使うことができます。

　宗教上の「説教」は sermon ですが，この単語にも「人を叱る言葉」の意味があり，He got a long *lecture* from his boss. と同じ内容を His boss gave him a long sermon. と表現することも可能です。

　また，get a good talking to 〜 も「説教される」の意味の決まり文句で，例えば，「彼女は仕事をなまけて説教されたんだ」は She got a good talking to for neglecting her work. のように使われます。

　その他，生徒が先生に叱られるような場合には He was scolded by the principal.（彼は校長先生にお説教を食らった），子供が親に叱られるような場合には He was talked to by his father.（彼は父親から大目玉を食らった）と表現されます。He got a telling-off from his father. としても同じ内容が表せます。あるいは，子供に向かって You'll catch it. あるいは You'll get it.（しかられるよ）などの表現もあります。

86 lemon

> This car is a real **lemon**.

訳：この車は本当に欠陥車だ。

　日本語では「レモン」に悪い意味はなく「さわやかさ」を連想させますが，英語ではそのすっぱさから，「口をすぼませて顔をしかめさせるもの」というマイナスのイメージで lemon がとらえられています。このことが理由で，lemon には，「不良品」「欠陥品」の意味があるわけです。上の文の類例を挙げておきましょう。

　I bought this electric shaver cheap, and it turned out to be a *lemon*.（この電気かみそりを安く買ったんだけど，欠陥品だったんだ）

関連表現：

　lemon 以外の果物を表す単語について見ておきましょう。

　俗語として使われる apple には「仲間」「やつ」の意味があり，例えば，wise apple（知ったふうなやつ，生意気なやつ）のように形容詞を冠して使われます。

　また，apple には，「大きな町」「大都市」「繁華街」の意味があります。「New York 市」の異名は，the Big Apple であることはよく知られていることと思います。

　「すてきな人（物）」は peach（桃），「負け惜しみ」は sour grapes で表現されます。例えば，「メグは本当にいかす子だ」は，Meg is a real peach.，「彼はよく負け惜しみを言う」は，He often cries sour grapes. のように言います。

　もう一つバナナにまつわる慣用表現を挙げておきましょう。

　Whenever I see Tom, I just go bananas. He's wonderfully cool.（トムを見るといつも私のぼせちゃうの。彼ってたまらなくかっこいいわ）

87　lesson

> That bitter experience taught him a good **lesson**.

訳：そのにがい経験が彼にはよい教訓となった。

　lesson といえば，例えば，take French *lessons*（フランス語の授業を受ける），give violin *lessons*（バイオリンのレッスンをする）のように，「授業」「けいこ」「レッスン」の意味がすぐに頭に浮かんでくると思います。また，lesson には「(教科書の)課」「レッスン」の意味があり，Lesson Five（第5課）のような表現も馴染み深いでしょう。しかし，lesson には「教訓」「(経験などに学ぶ)実際的な知恵」「見せしめ」「訓戒」の意味もあります。いくつか例を挙げておきましょう。

　I learned my *lesson*.（いい教訓になりました）

　This ought to teach him a *lesson*.（これで彼も思い知るだろう）

　This mistake will teach her a good *lesson*.（この間違いは彼女にはいい薬になるだろう）

　That failure taught me a good *lesson*.（あの失敗は私にとっていい勉強になりました）

関連表現：

　「今度のことで彼女は自分がいかに世間知らずかを思い知ったようだった」She seemed to realize this time how naïve she was.

　「今回はいかに自分に経験が乏しいかつくづく思い知りました」It came home to me on this occasion how little experience I have.

　「彼にとってその活動への参加はいい勉強になった」It was a good experience for him to take part in the activity. あるいは His participation in the activity taught him a lot.

88 level

> I want you to **level** with me.

訳：君に本当のことを言ってほしいんだ。

　名詞の level は「水準」「程度」「度合い」の意味で，例えば，The school prides itself on its high *level* of education.（その学校はその高い教育レベルを誇っている），Her violin playing is on a professional *level*.（彼女のバイオリンの演奏はプロのレベルだ）のような表現が想起されることと思われます。このような level の用法が重要であることは言うまでもありませんが，くだけた口語表現では動詞としてよく用いられます。通例 level with ～ の形で，「～に打ち明ける」「～に率直に話す」「～に本当のことを言う」の意味で用いられます。

　ちなみに on the level の決まり文句があり，これは「正直な」「まじめな」などの意味で，例えば，Everyone knows he's on the *level*.（誰もが彼が正直であることを知っている）のように使われます。

関連表現：

　「～に打ち明ける」は confide in ～ を使って，「一人で悩んでいないで，私に打ち明けてよ」を Don't suffer by yourself. Confide in me. のように言うことができます。また，「本当のことを話して」は Tell me the truth. で OK です。

　ほかに，「彼女は数学の試験をカンニングしたことを私に打ち明けた」は，confess を用いて，She confessed to me that she had cheated on the math exam. となります。「彼は自分の過去を彼女に打ち明けた」「彼は彼女にずっと嘘をついていたことを打ち明けた」は，それぞれ reveal を使って，He revealed his past to her., He revealed to her that he had been lying to her. と表現できます。

89 mood

> Kate was in the **mood** to listen to classical music.

訳：ケイトはクラシック音楽を聞きたい気分だった。

　mood という単語は，日本語の「ムード」とは意味的にずれがあります。日本語では「ムードのある〜」のような表現で「ムード」が使われますが，これは英語ではむしろ romantic が使われるところだと思われます。例えば，「ムードのある月に照らされた情景」は a romantic moonlit scene となるでしょう。

　さて，上の文の mood についてですが，これは「気分」の意味で使われています。例えば，「町中がお祭り気分だった」は The whole town was in festival *mood*. ですし，「今日は仕事をする気分にならない」なら I'm not in the *mood* for work., 「私は気分しだいで歩いたりあるいはバスに乗ったりします」は I walk or take a bus according to my *mood*. と表現されます。また，mood の形容詞形の moody を用いて She is apt to be moody. と言うと，「彼女は気分屋さんだ」を意味することになります。

関連表現：

「気分はどうですか」How do you feel?

「今朝はいくぶん気分がいいです」I feel a little better this morning.

「彼は彼女に気分を害している」He's upset with her., あるいは He's not happy with her.

「今夜は出かけたい気分です」I feel like going out tonight.

「あなたの気分を害するつもりはありませんでした」I never meant to hurt your feelings.

90 must

> The movie is a **must**.

訳：その映画は必見だ。

　名詞として must が使われることがあり，「(絶対)必要なもの」「必見のもの」「必読のもの」を意味します。いくつか例を見ておきましょう。

　This book is a *must* for college students.（これは大学生の必読書です）

　Have you been to the Grand Canyon? It's a *must* for tourists.（グランドキャニオンに行ったことはありますか。観光客にとっては必見の地ですよ）

　The French course is a *must* for all students.（そのフランス語の科目は全学生がとるべきものです）

　「必見のもの」「ぜひ見るべきもの」は must-see を用いて，The movie is a must-see. とすることもできます。また，must-see は形容詞として使うこともでき，例えば，San Francisco is one of the world's must-see cities.（サンフランシスコは世界の必見の都市の一つだ）のように言うことができます。

関連表現：

　「それはいい映画[番組]だから見逃せません」The movie [program] is so good that I can't miss it [pass it up].

　「この本はまさに学生の必読書だ」This is the very book that every student must read.

　「この本は哲学に興味のある人には必読書だ」This book is indispensable for anyone interested in philosophy.

91 nail

> The police still haven't **nailed** the murderer.

訳：警察は依然としてその殺人犯を捕まえていない。

　名詞の nail は「爪」「くぎ」「びょう」の意味で，また，動詞として「～にくぎ［びょう］を打つ」の意味でよく用いられます。例えば，Fright *nailed* him to the spot.（恐怖のあまり彼はその場にくぎづけになった）のような表現で動詞の nail が使われます。

　しかし，くだけた口語英語では，「（犯人などを）逮捕する」「捕まえる」や野球用語として「（走者を）刺す」「確保する」の意味で使われることもあります。例えば，The company president got *nailed* by the tax people. は「その会社の社長は税務署の役人につかまった」，また，He was *nailed* at second. は「彼は二塁でアウトになった」を意味します。

関連表現：

　話し言葉では，「警察ができるだけ早くその男を逮捕することを願っています」は I hope the police will get [catch, arrest] the man as soon as possible. のように表現されます。新聞やニュースなどでは「逮捕する」は通例 arrest あるいは apprehend が用いられます。

　「その泥棒は現行犯で逮捕された」The thief was caught red-handed. あるいは The thief was caught in the act of stealing.

　「彼はそのスリを警察に引き渡した」He handed the pickpocket over to the police.

　「その痴漢はその場で逮捕された」The molester was arrested on the spot.

　「その犯行グループは麻薬取引の現場を押さえられた」The criminal group was caught red-handed dealing in drugs.

92 parade

> He's always **parading** his knowledge.

訳：彼はいつも知識をひけらかしている。

　名詞の parade の第一義は「行列」「パレード」ですが「見せびらかし」「誇示」の意味もあり，動詞としては「〜を見せびらかす」「ひけらかす」の意味で使われることがあります。「パレード」は祭礼や祝賀の際に行列を組んで市街を練り歩くこと，あるいはその行列を意味しますから，イメージとして自分の知っていることを並べ立てて見せびらかす感じはつかみやすいように思われます。*parade* one's knowledge (of 〜) は，「（〜に関する）知識をひけらかす」の意味で慣用的に用いられています。例えば，He likes to *parade* his knowledge of English literature. （彼は英文学の知識をひけらかすのが好きだ）のように表現されます。

関連表現：

「彼はいつも自分の学歴をひけらかしている」He's always making a great display of his educational background.

「自分の才能をひけらかしたがるから彼のことは好きではありません」I don't like him because he wants to show off his talent.

「ポールは友達に新しい車を見せびらかした」Paul showed off his new car to his friends.

「リンダは金のネックレスを得意げに見せびらかした」Linda proudly displayed her gold necklace.

「キャロルは友達に大粒のダイヤの指輪を見せびらかしていた」Carol was flashing a large diamond ring around at her friends.

「彼はあからさまに富を見せびらかす」He openly flaunts his wealth.

93 particular

> She's **particular** about food.

訳：彼女は食べ物にやかましい。

particular が「特定の」「特にこの[その]」の意味を持ち，例えば，this *particular* dictionary（ほかならぬこの辞書），I left my cell phone at home on that *particular* day.（その日に限って携帯電話を家に忘れた）のように使われることはよく知られていると思います。

しかし，particular は be *particular* about 〜（〜について好みがうるさい，口やかましい，気難しい）の形で，口語表現としてよく使われます。例えば，「彼女は着るものにうるさい」は She's *particular* about her dress., 「私のおばあさんはテーブルマナーに口うるさかったものです」は My grandmother used to be *particular* about table manners. のように表現されます。

particular 以外でよく使われる形容詞に picky があり，She's picky about food. と言っても上の文と同じ意味になります。また，She's a picky [fussy] eater. を用いて「彼女が食べ物にやかましい」ことを表現することもできます。

関連表現：

「うるさいね。窓を閉めてもいい？」It's noisy. Can I close the window?

「料理はおいしかったが，うるさいハエには閉口した」The meal was delicious, but the pesky flies got on my nerves.

「子供がユニバーサルスタジオに連れて行けとうるさくせがんだ」The kids kept pestering me to take them to Universal Studios.

「スミス先生は本当に時間にうるさい」Mr. Smith is really strict about being on time.

94　personality

> She's a popular TV **personality**.

訳：彼女は人気テレビタレントです。

　personality の第一義は「個性」「人柄」「人格」で，She has an attractive *personality*.（彼女は魅力的な個性の持ち主だ），He has a strong *personality*.（彼は個性が強い）のように使われます。

　そして，personality のもう一つの意味に「(芸能界やスポーツ界などの) 名士，有名人」があります。「映画スター」は a movie [film] star ですが，a movie *personality* と言うこともできます。「テレビタレント」は，英語では *a TV talent とは言わず a TV *personality* と言いますから注意が必要です。

関連表現：

　「芸能界」は show business で，「テレビ界 (the television world)」，「映画界 (the movie world)」及び「音楽界 (the music world)」をひっくるめた表現です。例えば，「彼女は今芸能界で活躍中だ」は She's active in show business now. のように言います。また，「多くの若者が芸能界にあこがれている」は have stars in one's eyes（芸能界にあこがれている）の慣用表現を使って，A lot of young people have stars in their eyes. と表現することができます。「芸能界にデビューする」は make one's debut in show business，「芸能界入りする」は get into show business あるいは start a career in show business，「芸能界を引退する」は leave show business あるいは retire from show business となります。

　ちなみに，show business は showbiz と略されることもあります。また，「有名芸能人たち」は，show-business [showbiz] celebrities と言います。

第3章　基本単語の意味を考える

95 picnic

> Making both ends meet on such a small salary is no **picnic**.

訳：そのような少ない給料で収支を合わせるのは大変です。

　picnic は「(行楽で) 戸外での食事」あるいは「(戸外での食事を目的とした) 行楽」の意味で，例えば，Let's have a *picnic* on the back lawn.（裏庭の芝生の上で食事をしましょう），We went to a *picnic* in the nearby woods yesterday.（昨日は近くの森にピクニックに行きました）のように表現されることが最も多いでしょう。

　しかし，上の文のように picnic は普通，否定文の中で「困った状況」や「いやな経験」の意味で用いられることもあります。類例を挙げておきましょう。

　It was no *picnic* doing that job.（あの仕事をするのに骨が折れました）

　Being a company president is no *picnic*.（会社の社長は楽ではありません）

関連表現：

「給料が上がれば，もう少し生活が楽になるのだが」If I got a raise, it would make life a little easier.

「彼らは家のローンを払い終えて，やっと少し生活が楽になったそうだ」They say they've paid off the housing mortgage, and life has finally gotten a little easier.

「人生楽なことばかりではありません」Life is not a bed of roses.

「楽あれば苦あり」No rose without a thorn., Every rose has its thorn., あるいは Take the good with the bad.

「息子と娘が大学を卒業すれば，だいぶ楽になるだろう」Things will be a lot easier for us financially after our son and daughter graduate from college.

96 place

> I'm sure I've seen him before but I just can't **place** him.

訳：彼には一度会ったことがあるはずだが，誰だか思い出せない。

動詞 place の第一義は「置く」「据える」「配置する」で，She *placed* the papers on the desk.（彼女は書類を机の上に置いた），He *placed* the diamond ring on her finger.（彼は彼女の指にダイヤモンドの指輪をはめた）のように用いられますが，「(人などを) 思い出す」「特定する」の意味で用いられることもあります。誰かとすれ違った時に，顔に見覚えはあるのに，その人が誰であるか思い出せないというような経験は，誰にでも一度はあるかもしれませんが，そのような状況の下で I can't *place* him [her]. が使われます。例を重ねておきましょう。

I immediately *placed* her by her accent.（なまりから彼女がどこの出身なのかすぐに分かった）

Finally I *placed* him as a former neighbor.（ようやく彼が昔の隣人だと分かった）

関連表現：

「どうしても彼女が誰なのか思い出すことができません」は，I can't for the life of me remember who she is. のように for the life of one を使って表現できますが，このフレーズは否定文の中で使われ「どうしても～ない」を意味します。もちろん I just can't remember who she is. と言っても同じ内容を表現することができます。

話し相手の言葉を聞いて，「それで思い出した」と言うことがありますが，これは英語では That reminds me. です。また，「彼の話を聞いて大学時代を思い出した」は，His story took me back to my college days. と言うことができます。

97　provide

> You can claim a refund **provided** you keep the receipt.

訳：レシートをお持ちならば払い戻しを請求することができます。

　provide という単語は，学校ではまず「与える」「供給する」の意味で習うでしょう。例えば，Cows *provide* us with milk. [Cows *provide* us milk.]（雌牛はミルクを供給する），They *provided* food and shelter for the poor.（彼らは貧しい人達に食料と避難所を提供した），あるいは My mother's illness *provided* me with an excuse to stay at home.（母親の病気のおかげで家に留まる口実ができた）などのように provide が使われます。

　しかし，provided は「もし~なら」「~という条件で」を意味し，意味的には only if（もし~でさえあれば）に近く，可能性のない内容を表す節には用いられません。つまり，provided は事実の逆を言う仮定法の条件節の中では用いられないということです。provided を含む例を一つ追加しておきましょう。

　We will go on a picnic *provided* the weather is good.（天気がよければピクニックに行くつもりです）

関連表現：

「もし明日雨になれば，試合は火曜日まで延期されます」If it rains tomorrow, the game will be put off until Tuesday.

「もしよかったら，家まで車でお送りしましょう」If you like, I'll drive you home.

「もしあの時に君が来てくれなかったら，どうなっていただろうね」I wonder what would have happened if you hadn't come at that time.

「もし私が遅れた場合は，先に行っていてください」In case I'm late, go ahead without me.

98 pull

> He has **pull** with the company.

訳：彼はその会社にコネがある。

　名詞の pull は「引くこと」「引く力」が第一義ですが、この単語には「つて」「手づる」「コネ」の意味もありますから注意を要します。「コネで」は through [by] *pull* で言い表され、例えば、「彼はコネで就職した」は He got a job through *pull*.、「あの会社はコネが通じない」は That's not a company where things get done by *pull*.、あるいは「彼はその会社にコネがあるようだ」は He seems to have *pull* with the company. のように表現されます。

　また、「非常に～に顔がきくこと」も pull を使った have a lot of *pull* (with ～) で表現できます。一例を挙げておきましょう。He has a lot of *pull* with the mayor.（彼は市長に非常に顔がきく）

関連表現：

　「コネ」にあたる単語は pull のほかに、contacts や connections があります。例えば、「彼女はあの証券会社に有力なコネがある」は She has some powerful contacts in that brokerage firm.、「彼はコネでその仕事に就いた」は He got the job through a personal contact.、「彼は政界にコネがあると言われている」は He is said to have connections in the political world.、「彼女はコネを使ってその仕事に就いたそうだ」は I hear she used her connections to get the job.、また、「彼はその貿易会社との間に太いパイプを持っている」は He has direct access to people in that trading company. のように表現できます。

99 room

> This desk takes up too much **room**.

訳：この机が場所をふさいでいる。

　room は「部屋」以外に「(人や物が占める)場所，空間」「～の余地」の意味で使われることがあります。例えば，「私の家にはそんなにたくさんの本と CD を置く場所がありません」は I don't have enough room for all those books and CDs in my house. のように表現されます。

　また，例えば，「この部屋にはグランドピアノを置く余地はありません」は There's no *room* for a grand piano in this room.，「彼の有罪は疑いの余地はない」は His guilt leaves no *room* for doubt.，あるいは There is no *room* for doubt about his guilt. のように表現されます。さらに，「よろしければ席を詰めていただけませんか」は If you don't mind, could you make *room* for me? で言い表されます。

　なお，This desk takes up too much *room*. と I don't have enough *room* for all those books and CDs in my house. の room を space に入れ替えても，意味的には変わりません。

関連表現：

　「あなたが座る余地が十分ありません」は There is not much space [*room*] for you.，「余白が十分にある」は There is enough space [*room*] for this. と表現できますが，いずれの文においても，space を room に差し替えても意味的には変わりはありません。

　その他，「彼のしたことにまったく弁解の余地はない」は There is no excuse for what he did.，「彼女にはそれ以外に選択の余地はない」は She has no other choice. が対応します。

100 sandwich

> I was **sandwiched** between two big men on the bus.

訳：バスで二人の大きな男の人にはさまれていました。／バスで左右に大きな男の人がいて窮屈だった。

動詞の sandwich は be *sandwiched* between A and B（A と B の間にはさまれている）の形で用いられます。例文を挙げておきましょう。

His car was *sandwiched* between two trucks.（彼の車は 2 台のトラックにはさまれた）

I found myself *sandwiched* between two buses.（気がつくと 2 台のバスにはさまれていた）

A fifty-dollar bill was *sandwiched* in between the pages of the dictionary.（50 ドル札が辞書にはさまっていた）

関連表現：

「はさむ」といってもいろいろで，例えば，

「ドアに指をはさんだ」I got my finger caught in the door.

「カニに足の親指をはさまれた」A crab gave me a nip on the big toe.

「本にはさんでおいた写真が見つからない」I can't find the picture I stuck in the book.

「こっちが話している時に口をはさまないでよ」Don't butt in while I'm speaking.

「来春彼女が結婚するという噂を小耳にはさんだ」I happened to hear a rumor that she's going to get married next spring.

などのように表現されます。

101 scene

> He got angry at her and made a **scene** in the sushi bar.

訳：すし屋で彼は彼女に腹を立ててみっともなく騒ぎ立てた。

 scene は，例えば the *scene* of the accident（事故現場），He rushed to the *scene*.（彼は現場に駆けつけた）のように「現場」の意味で，あるいは a moving *scene*（感動的な場面）のように「(劇，映画，物語などの)場面」の意味で用いられることはよく知られていると思います。

 しかし，scene には「(公衆の面前での)大騒ぎ」「醜態」の意味もありますから注意が必要です。make a *scene* あるいは create a *scene* のような決まり文句は「(人前で)みっともなく騒ぎ立てる」の意味で，She made a *scene*, crying and screaming.（彼女は泣くやらわめくやらみっともなく騒ぎ立てた），Don't create such a *scene*!（そんなに騒ぎ立てるのはよせ！）のように使われます。

関連表現：

「騒ぐ」といってもさまざまで，

「君たちはいつもつまらないことでひどく大騒ぎするんだから」You're always making a big fuss over nothing.

「生徒たちは今朝からずっと騒がしい」The pupils have been noisy since this morning.

「多くの社員がその提案に反対して騒いでいる」A lot of office workers are clamoring against the proposal.

「こんな小さなことで騒いでも仕方ない」There's no point getting worked up over a small matter like this.

となります。

102　season

> He **seasoned** his conversation with humor.

訳：彼はユーモアで会話に興を添えた。

　動詞 season は「味をつける」を意味し，例えば，I like highly [lightly] *seasoned* food.（濃く［薄く］味付けした料理が好きだ），The stew was too strongly *seasoned*.（シチューは味がきつ過ぎた），あるいは The cucumbers have been deliciously *seasoned*.（キュウリがおいしく漬かっている）のように使われます。

　そして，season は比喩的に「（ユーモアなどで）～に興を添える」「～に加える」の意味で用いられます。この意味の season を含む例を重ねておきましょう。

　His speech was *seasoned* with wit and humor.（彼の演説はウィットとユーモアがきいていた）

　ちなみに形容詞の seasoned は「熟練した」「経験豊かな」という良い意味があり，A *seasoned* politician（年季の入った政治家），His writing is nicely *seasoned*.（彼の手(＝筆跡)はなかなか枯れている）のように使われます。

関連表現：

「彼のバイオリン演奏がパーティーに興を添えた」His violin performance added to the fun of the party.

「パーティーは彼女が加わってから盛り上がった」The party got lively after she joined it.

「彼の趣味の悪いジョークのために酒興がさめてしまった」His tasteless joke threw a wet blanket over the party.

「その出来事のためにすっかり旅の興をそがれてしまった」The happening took all the fun out of traveling.

103 sentence

> He was **sentenced** to life imprisonment.

訳：彼は終身刑の判決を受けた。

名詞の sentence には「文」に加えて「判決」の意味もあります。また，動詞としては「(人に) 判決を下す」「(人を) 〜の刑に処する」の意味で使われます。「人 + be + sentenced + to」のような受身の形で使われるのが普通です。例えば，「彼は死刑の判決を受けた」は He was *sentenced* to death.，「彼は2年の禁固刑を申し渡された」は He was *sentenced* to two years in prison. のように表現されます。ついでにここで，名詞の sentence の例を確認しておきましょう。

「被告は懲役2年，執行猶予3年の判決を下された」The defendant was given a two-year jail *sentence* suspended for three years.

「彼は5年の刑に服している」He is serving a five-year *sentence*.

関連表現：

「彼に有罪判決が下された」He was convicted., あるいは He was found guilty.

「彼に無罪判決が下された」He was found not guilty, あるいは He was found innocent.

「彼は殺人容疑の裁判で無罪判決を言い渡された」He was acquitted [cleared] of the murder charges.

「その男は窃盗で2年の刑に処せられた」The man got two years in prison for stealing.

「裁判官は被告人を重い刑に処した」The judge imposed a heavy penalty on the defendant.

104 shame

> What a **shame** that she can't come to the party tonight!

訳：今夜彼女がパーティーに来れないとは，何て残念なことだ！

　学校では名詞 shame の意味を「恥ずかしさ」「恥」や「つらよごし」「みっともないこと」などであると，まず最初に習うでしょう。例えば，He turned red with *shame*.（彼は恥ずかしくて赤面した），Don't you feel any *shame* at having lied to your parents?（両親にうそをついて恥ずかしくないのですか），Her misconduct was a *shame* to her family.（彼女の非行は家族のつらよごしだった）のように shame が使われることを学びます。

　しかし，shame には「残念なこと」「困ったこと」の意味もあり，くだけた口語表現ではこの意味でしばしば shame が用いられます。What a *shame* that she can't come to the party! のように感嘆文で用いられる以外には It's a *shame* (that) ... があり，これは「～とはお気の毒に」の意味で使用されます。例えば，It's a *shame* that you are out of work.（失業中とはお気の毒に）のように表現されます。なお，pity を用いて That's a pity.（それは残念です）と言うこともできます。

関連表現：

「ご一緒できなくて残念です」I'm sorry I can't come with you.

「残念ながら，今月当社は赤字です」Unfortunately, we're in the red this month.

「A: 熱が出ているので今夜パーティーに行けないの」「B: それは残念だね」A: I'm feverish, so I can't come to the party tonight.　B: That's too bad.

「サリーが来ないのは残念です」I'm disappointed about Sally not coming.

105　sharp

> The movie begins at 3 o'clock **sharp**.

訳：その映画は3時きっかりに始まります。

　副詞の sharp は「(〜時)きっかりに」という意味でよく使われます。例えば，The plane took off at 6 o'clock *sharp*.（飛行機は6時きっかりに離陸しました），The train arrived at 2 o'clock *sharp*.（列車は2時きっかりに到着しました）のように sharp が用いられます。

　もちろん，sharp 以外の表現を使って「きっかり」を言い表すことが可能です。例えば，The movie begins at 3 o'clock *sharp*. の文では，at 3 o'clock *sharp* の代わりに exactly at 3 o'clock と言えます。また，The plane took off at 6 o'clock *sharp*. を The plane took off on time at 6 o'clock. のように，あるいは The train arrived at 2 o'clock *sharp*. を The train arrived at 2 o'clock on the nose. のように言うことも可能です。最後の例文で使われている on the nose も「きっかり」を意味する決まり文句です。

　さらに，決まり文句に on the dot（時間通りに）があり，例えば，I'll be there at 3:00 on the dot.（きっかり3時にそちらに行くからね）のように使われます。

関連表現：

「3時5分前です」It's five (minutes) to three. あるいは It's five (minutes) before three.

「3時5分過ぎです」It's five (minutes) past three. あるいは It's five (minutes) after three.

「3時15分前です」It's a quarter to three. あるいは It's a quarter before three.

「3時15分過ぎです」It's a quarter past three. あるいは It's a quarter after three.

106 short

> She is always **short** of cash.

訳：彼女はいつもお金が不足している。

shortという単語を耳にすると，すぐに「短い」「(背が) 低い」という意味が思い浮かぶかもしれませんが，shortを含んだbe *short* of 〜 の形は「〜が不足している」の意味合いで用いられます。「彼らは資金が不足している」はThey are *short* of funds.,「彼らは人手不足だ」はThey are short of hands., あるいは「彼女は経験が不足している」はShe is *short* of experience. となります。

「〜が不足している」という状態はbe *short* of 〜 で表現されますが，「〜が不足する」はrun *short* of 〜 が用いられます。例えば，「彼女はお金が足りなくなった」はShe has run *short* of money. と表現されます。もちろん，不足するものはお金に限りません。例えば，「彼らは食料が足りなくなってきている」はThey are running *short* of food.,「彼は話のネタが切れてしまった」はHe ran out of things to talk about. のように表現されます。

関連表現：

「運動不足で少し太ってしまった」I've put on a little weight from lack of exercise.

「彼女は寝不足で顔がむくんでいる」She has a puffy face from lack of sleep.

「このところ残業続きで睡眠不足です」I've been working overtime these days, so I haven't been getting enough sleep.

「彼の発言は現状について彼が認識不足であることを示すものだ」What he said shows that he has little understanding of the present situation.

107 shower

> They had a bridal **shower** for their best friend.

訳：彼女たちは彼女たちの親友のために結婚のお祝い品贈呈パーティーを催した。

　shower には「お祝いの品贈呈パーティー」の意味があり，a bridal *shower* は「結婚のお祝い品贈呈パーティー」，また a baby *shower* は「出産のお祝い品贈呈パーティー」を意味します。動詞は have 以外に give や make を用いて，give [make] a bridal *shower*（結婚のお祝いの品贈呈パーティーを開く）のように言うこともできます。ただし，このようなパーティーは結婚をまぢかに控えている「女性」のためのパーティーの意味で用いられていますから注意が必要です。この a bridal *shower* は，主にカナダやアメリカで用いられている言い回しです。

関連表現：

「彼女の結婚を祝うパーティーを開くというのはどうでしょう」How about having a party to celebrate her getting married?

「結婚おめでとう」Congratulations on your marriage.

「結婚のお祝いに何がいい」What would you like for a wedding gift?

「彼女は結婚祝いに食器洗い機をくれた」She gave me a dishwasher as a wedding gift.

「今日は私たちの結婚記念日です」This is our wedding anniversary.

「私は彼女の結婚披露宴に招待されました」She invited me to her wedding reception.

108 spell

> I took a **spell** at the wheel.

訳：交替して私が運転した。

　spell には「交替」の意味があり，例えば，「交替でオールを漕ぐ」は take [have] a *spell* at the oars. と言います。

　また，wheel の第一義は「車輪」ですが，「（自動車の）ハンドル」の意味もあり，at the wheel は「自動車のハンドルを握って」「車［船］を運転して」を意味します。ことわざに Don't speak to the man at the wheel. がありますが，「舵輪をとる者に声をかけるな」，つまり「責任をもつ者に口出しは無用」ということです。また，be asleep at the wheel は「居眠り運転をしている」を意味します。

関連表現：

「彼らは交替して運転した」They took turns driving.

「6 回でピッチャーが交替した」The pitcher was relieved in the sixth inning., あるいは They changed pitchers in the sixth inning.

「社長が A 氏から B 氏に交替した」Mr. B replaced Mr. A as president.

「4 クラスが交替でこの視聴覚教室を使っています」Four classes use this audiovisual classroom by turns.

「誰かせめて 30 分でいいから仕事を替わってくれませんか」Could any of you take my place, even just for half an hour?

「キャロルとジュリアは交替で病気の父の世話をした」Carol and Julia alternately looked after their sick father.

「席を替わりましょう」Let's change places.

109　sponge

> He's thirty years old, but he's still **sponging** off his parents.

訳：彼は30才なのに，まだ親のすねをかじっている。

　名詞の sponge は「スポンジ」「海綿」で，もちろんスポンジは液体を吸収するためのものです。スポンジが液体を「吸い取る」性質に基づいて人が誰かからお金などを吸い取るイメージが喚起された結果，動詞 sponge は「（お金をたかって）生活する」「（人に）寄食する」「たかる」の意味を持つに至っていると考えられます。あと二つ sponge を使った例文として，That guy was *sponging* off my uncle for one year.（あいつは1年間私の叔父にたかって生活していたのだよ），The homeless man *sponged* a cigarette from him.（そのホームレスの男は彼からたばこをたかった）を追加しておきます。

関連表現：

　「彼はまだ親のすねをかじっている」は He's still living off his parents.，あるいは He's still leeching off his parents. のように言い表すこともできます。名詞の leech は「ヒル」で，「ヒル」は血を吸う生き物ですから，動詞の leech にこのような意味があることは理解しやすいと思います。

　また，カナダやアメリカで用いられている表現に mooch off（（人から）ねだる，せびる）があります。これは，*Oxford Advanced Learner's Dictionary* では to get money, food, etc. from somebody else instead of paying for it yourself と定義されています。したがって，He's still mooching off his parents. と言っても親のすねをかじっていることを描写することができることになります。

110　steal

> It's an absolute **steal** at $8.

訳：8ドルならそれは絶対に掘り出し物だ。

　名詞 steal には,「盗み」「盗んだ物」「盗品」また「盗墓」に加えて,「掘り出し物」「格安品」の意味もあります。値段が非常に安いので,たとえお金を出して買ったとしてもまるで盗んだようなものだ,という発想が感じられます。この steal という表現は, 日本では屋台の店などで大安売りをしている商売人が, 商品を買った客に向かって「持ってけ, どろぼう！」と言う表現と, 発想が近いと言えそうです。上の It's an absolute *steal* at $8. の文では absolute という形容詞が用いられていますが, そのほかには real も使われます。例えば, This jacket was a real *steal*.（このジャケットはまったく掘り出し物だった）と言い表せます。また, 安く手に入れたよい品は, a bargain や a good buy でも表現することができますが, 売り手の「これはお買い得品ですよ」というセリフは, これらの表現を用いた This is a bargain [a good buy]. が対応します。

関連表現：

　「掘り出し物」といっても「偶然に見つけた貴重な物」の意味もあり, この意味の「掘り出し物」は a lucky find と言います。例えば,「この絵画は掘り出し物だ」は This painting is a lucky find.,「骨董屋で珍しいつぼを買ったよ。掘り出し物だったね」は I bought a rare pot at a curiosity shop. It was a lucky find. となります。

　なお, a lucky find は「物」だけでなく「人」のことを述べる場合に使われることもあります。例えば,「今度の秘書は掘り出し物だ」は The new secretary is a lucky find. と表現されます。

111 straight

> Let's be **straight** with each other.

訳：お互い率直に話し合いましょう。

straight の第一義は「まっすぐな」で，例えば a long, *straight* road（長くまっすぐな道），あるいは I drew a *straight* line.（私は直線を引いた）のように表現されます。

しかし，straight には「率直な」「正直な」の意味もあり，be *straight* with 〜 の形で「〜に対して素直である」を意味します。Let's be *straight* with each other. に加えて，「お互い率直に話し合いましょう」は Let's be open and honest with each other.，あるいは Let's level with each other. のように表現することもできます。

ついでながら，副詞の straight は「連続して」の意味でよく使われますので，ここで確認しておきましょう。例えば，「雨が3日間立て続けに降っています」は It's been raining for three days *straight*. です。なお，straight の代わりに for three days in a row，nonstop for three days の表現を使うこともできます。

関連表現：

「率直に言って，その提案に反対だ」To be frank [candid] with you, I'm against the proposal.

「ありのままにずばり言わせてもらうと，彼女は嘘つきだ」To call a spade a spade, she's a liar.

「正直なところ，彼はあなたにふさわしい結婚相手だと思いません」Honestly speaking, I don't think he is the right person for you to marry.

「正直に言って，彼女の考えが分からないのです」To tell (you) the truth, I can't figure her out.

112 thrill

> He was **thrilled** with the news.

訳：彼はその知らせにぞくぞくした。

　日本語でも英語の thrill をそのまま借用して，例えば「スリル満点のジェットコースター」のように言いますが，これは英語では a roller coaster that is full of *thrills* のように表現されます。

　thrill は，「恐怖や極度の期待から来る緊張感」「(スポーツなどの)はらはら，どきどき」の意味に加えて，「強い喜びの気持ち」「ぞくぞく[わくわく]すること」の意味でも使われます。したがって，「その祖父母は，孫娘の誕生を知って本当に喜んだ」は The grandparents were really *thrilled* when they heard of the birth of their granddaughter.，「私は山頂が見えた時胸がわくわくした」は I felt a *thrill* of excitement as the mountaintop came into view. と表現できます。

　また，恐怖の描写として，例えば「その光景を見て恐怖で背中がぞくぞくした」は The sight sent a *thrill* of horror down my spine. となります。

関連表現：

　寒気や震えを感じる様子の描写にも「ぞくぞくする」が使われることがあります。例えば，「風邪をひいたのかもしれません。体じゅうがぞくぞくしてきました」は I may have caught a cold. I'm shivering all over.，「悪寒がぞくぞくと彼女の背中を走った」は A chill ran right down her spine. のように表現できます。

113　tour

> He gave me a **tour** of the new campus.

訳：彼は新しいキャンパスをひとめぐり案内してくれた。

　tour と聞くとすぐに「旅行」の意味が頭に浮かぶように思われますが、「旅行」以外に「見学」「視察」「ひとめぐり」の意味で用いられることもあります。例えば、「彼女に案内されてニューヨークを見て回った」は She led us on a *tour* of New York. のように表現されます。このように、tour イコール「旅行」とはいかないので、注意を要することになります。ちなみに tour にはさらに、「(劇団などの)巡業、巡演」「(チームの)遠征」「(講演者の)巡回講演[旅行]」「(高官・重役の)歴訪(の旅)」などの意味もあります。成句には、on *tour* (巡業中の[で]、巡演中の[で])、go on *tour* (巡業に出る)、make a *tour* of ～ (～をひとめぐりする) などがあります。例えば、「その劇団は現在巡業中だ」は The theatrical company is on *tour* now.、「私たちはグアム島巡りをした」は We made a *tour* of Guam. となります。

関連表現：

「後について来てください。ご案内しましょう」Follow me please. I'll show you the way.

「町をご案内いたしましょうか」Shall I show [guide] you around the city?、あるいは Do you want me to show [guide] you around the city?

「妹に町を案内させましょう」I'll have my sister show you around the city.

「私はこの町は不案内です」I don't know my way around this city.
「私はこの辺は不案内です」I'm a stranger in this neighborhood.

114 water

> Cutting onions always makes my eyes **water**.

訳：玉ねぎを切るといつも目から涙が出る。

　自動詞の water には「(鼻，口，目などが) 鼻水 [よだれ，涙など] を出す」の意味があります。「煙が目にしみて涙が出た」は The smoke made my eyes *water*. と表現されます。また，慣用的な表現に make one's mouth *water* がありますが，これは「(食べ物が) (人に) (おいしそうで) よだれを出させる」を意味します。例えば，The mere mention of pizza makes my mouth *water*.（ピザと言っただけでよだれが出るよ），Just looking at the cake made my mouth *water*.（ケーキを見ただけでよだれが出てきた）などのように言い表すことができます。

　ちなみに，名詞の water を含む慣用表現には hold *water*（筋が通る，理屈に合う）や throw cold *water* on ～（～に水を差す）などがあり，Your excuse doesn't hold *water*.（あなたの言い訳はすっきりしませんね），She threw cold *water* on his suggestion.（彼女は彼の提案に水を差した）のように表現されます。

関連表現：

他動詞の water の例をいくつか見ておきましょう。

「出かける前に花に水をやってちょうだい」*Water* the flowers before you go out.

「そのスープは水で薄められたに違いない。味が薄すぎるよ」The soup must have been *watered* down. It is too watery.

「テイラー教授は学生がより理解しやすいように，彼の講義を肩の凝らない軽いものにすることに努めた」Professor Taylor tried to *water* down his lecture so his students could understand it better.

115 yesterday

> I wasn't born **yesterday**.

訳：昨日今日生まれたわけではない。

　yesterday の第一義は「昨日(は)」ですが，yesterday には「近頃」「ついこの間」の意味もあります。上の文ではもちろん yesterday は「昨日」の意味ではなく，「ついこの間」の意味で用いられていることは言うまでもありません。実際，この yesterday は be not born *yesterday* の形で，慣用表現として用いられています。例えば，Susan is not easily taken in by a smooth talker like you. She wasn't born *yesterday*.（スーザンは君のような口のうまい人間に簡単に騙されたりはしないよ。彼女は昨日生まれたわけじゃないからね），あるいは Ted knows the score. He wasn't born *yesterday*.（テッドは現実の状況が分かっているよ。昨日今日生まれたわけじゃないからね（彼は簡単には騙されないよ））などのように表現されます。

関連表現：

　「マイクはまだ青二才だ」は Mike is too young and inexperienced., あるいは Mike is still wet behind the ears. と表現することができます。後者の文では，慣用表現の be wet behind the ears が用いられています。この慣用表現は，生まれたての赤ちゃんは耳の裏がまだ濡れているというところから生まれていますが，まだ耳が濡れている状態にあるということは，とりもなおさずまだ一人前ではない，すなわち，まだ「お尻が青い」ということになるわけです。日本語の「青」は英語の green が対応することがあり（例えば，「青信号」は a green light），Mike is still green. も「マイクはまだ青二才だ」を意味します。

参 考 文 献

[辞書]
『アメリカ英語表現辞典』(2003) 大修館書店, 東京.
『ジーニアス英和大辞典』(2002) 大修館書店, 東京.
International Dictionary of Idioms (1998) Cambridge University Press, Cambridge.
『口語英語大辞典』(1994) 朝日出版社, 東京.
Longman Dictionary of Contemporary English, 4th ed. (2003) Longman, London.
Oxford Advanced Learner's Dictionary, 7th ed. (2005) Oxford University Press, Oxford.
Oxford Dictionary of English, 2nd ed. (2003) Oxford University Press, Oxford.
『リーダーズ英和辞典』(第2版) (2002) 研究社, 東京.
『リーダーズ・プラス』(2002) 研究社, 東京.
『新編英和活用辞典』(2003) 研究社, 東京.
『新和英大辞典』(第5版) (2004) 研究社, 東京.
『ユースプログレッシブ英和辞典』(2004) 小学館, 東京.

[著書・論文]
荒木一雄・小野経男・中野弘三 (1977)『助動詞』「現代の英文法」第9巻, 研究社, 東京.
有村兼彬・天野政千代 (1987)『英語の文法』英潮社新社, 東京.
安藤貞雄 (2005)『現代英文法講義』開拓社, 東京.
Bolinger, D. (1977) *Meaning and Form*, Longman, London and New York.
Close, R. A. (1975) *A Reference Grammar for Students of English*, Longman, London.
Dixon, R. M. W. (1991) *A New Approach to English Grammar, on Semantic Principle*, Clarendon Press, Oxford.
Halliday, M. A. K. (1985) *An Introduction to Functional Grammar*, Edward Arnold, London.

Hinds, J. (1986) *Situation vs. Person Focus*（日本語らしさと英語らしさ）くろしお出版，東京．

Huddleston, R. and G. K. Pullum (2002) *The Cambridge Grammar of the English Language*, Cambridge University Press, Cambridge.

Hyde, B. (1999) "The structures of the *to*-infinitive," *Lingua*, Vol. 110, Issue 1, 22–58.

池上嘉彦 (1995)『〈英文法〉を考える』筑摩書房，東京．

Kasher, A. (ed.) (1998) *Pragmatics: Critical Concepts*, Routledge, London and NewYork.

Kuno, S. (1987) *Functional Syntax*, The University of Chicago Press, Chicago and London.

Lakoff, G. (1987) *Women, Fire, and Dangerous Things*, The University of Chicago Press, Chicago and London.

Lakoff, G and M. Johnson (1980) *Metaphors We Live By*, The University of Chicago Press, Chicago and London.

Langacker, R. W. (1991) *Foundations of Cognitive Grammar*, Vol. 2: *Descriptive Application*, Stanford University Press, Stanford.

Leech, G. (1971) *Meaning and the English Verb*, Longman, London.

Leech, G. and J. Svartvik (1975) *A Communicative Grammar of English*, Longman, London.

Lees, D. (2001) *Cognitive Linguistics: An Introduction*, Oxford University Press, Oxford.

Levin, B. (1993) *English Verb Classes and Alternations*, The University of Chicago Press, Chicago and London.

Levin, B. and S. Pinker (ed.) (1991) *Lexical and Conceptual Semantics*, Blackwell, Oxford.

Lyons, J. (1967) "A note on possessive, existential and locative sentences," *Foundation of Language* 3, 390–396.

Lyons, J. (1977) *Semantics* 2, Cambridge University Press, Cambridge.

村田勇三郎 (2006)『現代英語の語彙的・構文的事象』開拓社，東京．

中右 実 (1994)『認知意味論の原理』大修館書店，東京．

太田 朗 (1954)『完了形・進行形』(英文法シリーズ) 第12巻，研究社，東京．

Pustejovsky, J. (1995) *The Generative Lexicon*, MIT Press, Cambridge, MA.

Quirk, R., S. Greenbaum, G. Leech and J. Svartvick (1985) *A Comprehensive Grammar of the English Language*, Longman, Harlow.

Riddle, E. (1975) "Some Pragmatic Conditions on Complementizer Choice," *Chicago Linguistic Society* 11, 467–474.

Swan, M. (1995) *Practical English Usage*, Second Edition, Oxford University Press, London.

田中　実 (1988)『英語構文ニュアンス事典』北星堂，東京．

Taylor, J. R. (1995) *Linguistic Categorization*, Second Edition, Oxford University Press, London.

Taylor, J. R. (2002) *Cognitive Grammar*, Oxford University Press, London.

Thomson, A. J. and A. V. Martinet (1980) *Practical English Grammar*, Third Edition, Oxford University Press, London.

Tobin, Y. (1993) *Aspect in the English Verb: Process and Result in Language*, Longman, London.

友繁義典 (2006)「中間構文の成立に関する意味的・語用論的制約」『英語語法文法研究』英語語法文法学会(編)，第 13 号，95–110．開拓社，東京．

Tomoshige, Y. (2007) "A Semantic and Pragmatic Analysis of the English Middle Construction," *RESEARCH REPORTS*, no. 9, 133–143. University of Hyogo, School of Human Science and Environment.

友繁義典 (2009)「はだか存在文の成立条件」『英語語法文法研究』英語語法文法学会(編)，第 16 号，130–144．開拓社，東京．

友繁義典 (2011)『ネイティブ表現養成講座』南雲堂，東京．

Vendler, Z. (1984) "Adverbs of Action," *Chicago Linguistic Society* 22, 297–307.

Wierzbicka, A. (1988) *The Semantics of Grammar*, John Benjamins Publishing Company, Amsterdam/Philadelphia.

八木克正 (1999)『英語の文法と語法——意味からのアプローチ』研究社，東京．

安井　稔 (1983)『英文法総覧』開拓社，東京．

安井　稔(編) (1987)『現代英文法事典』大修館書店，東京．

吉川　洋・友繁義典 (2008)『入門講座　英語の意味とニュアンス』大修館書店，東京．

索　引

1. 日本語はあいうえお順，英語は ABC 順で並べてある。
2. 数字はページ数を表す。

日本語の事項・語句

【あ】
相性　128
あいまい性　64–105
あせない　162
頭のよい　120
厚かましさ　127
圧倒する　170
油っこい　180

【い】
いいところ　114
生き写し　185
イケてる　140
意見　111
一周　129
いつもの　187
いらいらさせる　154
いやな経験　202

【う】
受け入れる　122
打ち明ける　195

【え】
影響　48

【お】
大騒ぎ　208

お決まりの　148, 187
起こっている　139
落とし穴　125
お守り　126
思い出す　203

【か】
改ざんする　151
会社　121
外出を禁ずる　179
概念的な距離　19
過去の習慣　75
過去の人［もの］［こと］　181
かっこいい　140
仮定法過去　18, 75
仮定法の動詞　55
合点がいく　158
かぶりつく　110
体の一部　48
関係代名詞　97
間接性　54
完了　64

【き】
きっかり　212
気品　130
ギプス　124
気分　196
奇妙な　177

疑問詞　97
休暇　191
強意の読み　83
教訓　194
強形の some, many　93
鏡像関係　45
興を添える　209

【く】
空間　206
首にする　168
くよくよさせる　154

【け】
経験　64
結果　76
結果的な用法　90
欠陥品　193
結婚のお祝い品贈呈パーティー　214
下品な言葉　173
見学　220
現在分詞　45
現実性　19

【こ】
恋人　169
功績　144
構造のあいまい性

72, 77, 99
交替　215
子供たち　161
コネ　205
困った状況　202
困らせる　154
根源的用法　69, 70
コントローラー　65

[さ]
再帰代名詞　50, 51
最上級の読み　83
才能　159
裁判官の職　115
策略　178
酒　119
さばく　164
残念なこと　211

[し]
使役　76
刺激　188
視察　220
下調べ　182
支払う　171
弱形の some, many　93
就職説明会　160
醜態　208
重要である　142
取材する　143
受動態　3, 53
受動文　3, 40, 41
賞賛　144
状態受動態　68
招待の　136
如才ない　149

所有　53
「所有格＋動名詞」　49
調べる　138
進行形　45
陣痛　190
人物全体　48

[す]
すねをかじる　216
スリル　188

[せ]
説教　192
全体否定　60, 85, 88
前置詞　33

[そ]
ぞくぞくすること　219
そそう　108
率直な　218
そつのない　149
存在文　46

[た]
体格　137
体質　137
大切である　142
逮捕する　198
代名詞　50, 86
耐えられる　156
たくらみ　178
「他動詞＋場所を表す目的語＋前置詞句」　7
「他動詞＋目的語＋場所を表す前置詞句」　7
楽しい一時　113
楽しみ　188
たるみ　112
断層　163

[ち]
中間構文　15, 16
直接的な観察　54
直説法の動詞　55
珍味　146

[つ]
ついこの間　222
付き合い　135

[て]
体裁　176
典型的な　131

[と]
特定的解釈　81
同行　135
動作受動態　68
同時性　19
「動詞＋前置詞＋目的語」　28, 29
「動詞＋目的語」　28, 29
どうしようもない　186
同席　135
動名詞　19, 20, 21, 22, 23, 24, 26, 27, 45
届く　123

索　引　227

[な]
なれなれしい 174

[に]
二重目的語構文 6
認識的用法 69, 70
妊娠している 157

[ぬ]
塗り 133

[の]
能動受動文 15, 16
能動文 41

[は]
薄膜 165
はさむ 207
場所 206
バス 132
罰金 166
はめる 172
判決を下す 210

[ひ]
被害 76
比較文 58
ひけらかす 199
ひさしぶりに 109
美人 189
必見 197
否定辞 43
非特定的解釈 81
描写的な用法 90
票を集める 147

[ふ]
部 141
ふいにする 117
不足している 213
負担する 171
不定詞 [to-不定詞] 10, 11, 12, 13, 14, 15, 16, 19, 20, 21, 22, 23, 24, 26, 27
部分否定 60, 85
不良品 193
分詞 45
文頭の副詞 56
文末の副詞 56

[へ]
閉口させる 170
変な 177

[ほ]
包帯 152
保存する 145
掘り出し物 217
本性 134

[ま]
麻薬 153

[み]
味方 175
店 184
見せかけ 176
密告する 167
未来指向的 19

[む]
無料の 136

[め]
恵まれている 155

[も]
もう少しで正解 183
「目的格＋動名詞」 49
もし〜なら 204

[や]
やかましい 200
やじ 116

[ゆ]
有名人 201

[よ]
与格構文 6
よく似た人(もの) 185
よだれを出させる 221
余地 206
予約する 118

[り]
力量がある 156

[わ]
割り引いて聞く 150

英語の語句

[A]
accident 108
age 109
as long as 80
as well as 98
at 31
attack 110
attitude 111

[B]
bag 112
ball 113
beauty 114, 144
because 57, 71
begin 52
believe 8, 41
bench 115
bird 116
blow 117
book 118
bottle 119
bowling 96
bright 120
business 121
buy 122

[C]
can 69
car 52, 53
care for 91
carry 123
cast 124
catch 125
cease 21
charm 126
cheek 127
chemistry 128
circuit 129
class 130
classic 131
climb 28
coach 132
coat 133
cook 139
cool 140
color 134
company 135
complimentary 136
constitution 137
consult 138
copy 141
count 142
credit 144
cure 145

[D]
dance 45
dancer 103
decide 9
delicacy 146
deliver 147
diet 148
diplomatic 149
discount 150
do 19, 88
doctor 151
dressing 152
drug 153

[E]
each of 89
easy 14, 15
eat 13, 25, 84, 104, 154
enjoy 155
entertain 101
equal 156
escape 104
everyone 85
expecting 157
explain 158

[F]
faculty 159
family 161
fast 162
fault 163
favor 92
field 164
film 165
fine 166
finger 167
fire 105, 168
flame 169
floor 170
foe 175
foot 171
for 11, 12, 36, 64, 87, 102
forget 59
frame 172
French 173
fresh 174
friend 175
from 17
front 176
fun 26
funny 177

[G]
game 178
get 3
give 38, 39
go on ~ 22
ground 179

[H]
have 4, 37, 38, 39, 53, 76
heavy 180
help 13
here 44
hesitate 24
history 181
hit 20
hope 42
hot 183
house 184
hurry 25

[I]
image 185
impossible 186
in 31, 32, 33, 34, 36, 73
inevitable 187
it 14, 26, 47

[J]
job fair 160

[K]
kick 188
knockout 189

[L]
labor 190
laugh 38
leave 191
lecture 192
lemon 193
lesson 194
level 195
like 27, 96
look 39

[M]
make 2, 3, 5
meet 30
mood 196
more 103
most 83
must 125, 197

[N]
nail 198

[O]
off 35
on 33, 48, 99
only 78
out 35
own 53

[P]
parade 199
particular 200
personality 201
picnic 202
pity 37
place 203
play 26
please 14
prevent 17
provide 204
pull 205

[R]
read 16
relieve 101
remember 23
room 206

[S]
sadly 79
sandwich 207
scene 208
season 209
sentence 210
shame 211
sharp 212
short 213
shower 214
sit 51
some 93
someone 85
spell 215
sponge 216
start 20, 52
steal 217
straight 218
stupidly 56
summer 82

[T]
talk 22
than 103
that 9, 10, 12, 54, 55
there 46, 47, 104

think 43
thrill 219
to 6, 156
tour 220

[U]
until 66
up 28

[W]
water 221
week 73
what 97
will 70
wish 18
with 30, 34
would 75

[Y]
yesterday 222
young 61
youthful 61

【著者紹介】

友繁義典（ともしげ　よしのり）

　関西学院大学大学院文学研究科博士後期課程単位取得修了。米国カリフォルニア州立大学バークレー校言語学科に客員研究員として留学。現在，兵庫県立大学環境人間学部に勤務。専門は英語学。学部において，英語及び言語関係科目，また，大学院において英語の意味論・語用論に関する科目を担当。

　著書：『ユースプログレッシブ英和辞典』（共著，小学館，2004年），『英語語法文法研究の新展開』（共著，英宝社，2005年），『ネイティブの発想を知る　英語イディオム 222』（共著，三修社，2006年），『入門講座　英語の意味とニュアンス』（共著，大修館書店，2008年），『ネイティブの発想を知る　英語イディオム 222（CD付き改訂版）』（共著，三修社，2010年），『ネイティブ表現養成講座』（単著，南雲堂，2011年）など。

ネイティブ感覚に近づく英語のニュアンス

著作者	友繁義典
発行者	武村哲司
印刷所	東京電化株式会社／日之出印刷株式会社

2011年10月17日　第1版第1刷発行

発行所　株式会社　開拓社
　　　　〒113-0023 東京都文京区向丘1-5-2
　　　　電話 03-5842-8900（代表）　FAX 03-5842-5560
　　　　振替 00160-8-39587　　http://www.kaitakusha.co.jp

©Yoshinori Tomoshige, 2011　　　　　ISBN978-4-7589-1306-5 C0082

JCOPY 〈(社)出版者著作権管理機構　委託出版物〉
本書の無断複写は著作権法上での例外を除き禁じられています。複写される場合は，そのつど事前に，(社)出版者著作権管理機構（電話 03-3513-6969，FAX 03-3513-6979，e-mail: info@jcopy.or.jp）の許諾を得てください。